我所认识的鲁迅

许寿裳 著

中国文史出版社

图书在版编目（CIP）数据

我所认识的鲁迅 / 许寿裳著 . — 北京：中国文史
出版社，2019.12

（素笔忆鲁迅）

ISBN 978-7-5205-1760-7

Ⅰ . ①我… Ⅱ . ①许… Ⅲ . ①鲁迅（1881–1936）—
生平事迹 Ⅳ . ① K825.6

中国版本图书馆 CIP 数据核字（2019）第 269227 号

责任编辑：孙　裕
装帧设计：蒲　钧

出版发行：**中国文史出版社**
社　　址：北京市海淀区西八里庄 69 号院　邮编：100142
电　　话：010-81136606　81136602　81136603（发行部）
传　　真：010-81136655
印　　装：北京地大彩印有限公司
经　　销：全国新华书店
开　　本：787×1092　　1/16
印　　张：9
字　　数：83 千字
版　　次：2020 年 2 月北京第 1 版
印　　次：2020 年 2 月第 1 次印刷
定　　价：36.00 元

出版说明

　　为纪念鲁迅诞辰140周年，我们策划了"素笔忆鲁迅"丛书。按照"曾在某一时期与鲁迅有过交往"的原则，选录周作人《鲁迅的青年时代》，许寿裳《亡友鲁迅印象记》《我所认识的鲁迅》，许广平《鲁迅回忆录》，郁达夫《回忆鲁迅》、萧红《回忆鲁迅先生》(此二篇合为一种《回忆鲁迅》)，孙伏园《鲁迅先生二三事》，冯文炳《跟青年谈鲁迅》，荆有麟《鲁迅回忆》，共八和。这些文字经过时间的淘洗存留下来，大多已成为研究鲁迅的必读篇目。

　　为了尽量保持作品原貌，我们全部使用了较早出版的版本进行适当加工。一是对一些异体字、标点符号等早期白话文的痕迹进行修正，以方便今天读者的阅读。二是由于几位作者个人情况迥异，以及原书初版年代上至20世纪30年代、下至50年代，不可避免地带有各个时代的烙印，有些文字、观点在今天看来或已不合时宜，而又与鲁迅生平没有直接联系，我们酌情做了处理。最后，我们适当插入了一些与鲁迅相关的老照片，希望对读者了解鲁迅的人生经历有所帮助。

编选工作如有不当之处，敬请读者谅解。

编　者

目 录

我所认识的鲁迅

　　鲁迅小说第一集《呐喊》，识者都称为中国新文艺上真正的、划时代的杰作。其最初的一篇《狂人日记》，发表于一九一八年五月，正是五四运动的前一年，"从此以后，便一发而不可收"，写了十余篇，结集起来，称为《呐喊》。

　　其实，鲁迅的呐喊声并不是五四运动的时候才起的。一九〇三年他二十三岁所作的《斯巴达之魂》（《集外集》），便是借了异国士女的义勇来唤起中华垂死的国魂。一九〇七年，他二十七岁所作的《文化偏至论》《摩罗诗力说》等（《坟》），都是怅于当时一般新党思想的浅薄，不知道个性之当尊，天才之可贵，于是大声疾呼地来匡救，所谓"自觉之声发，每响必中于人心，清晰昭明，不同凡响"，实在是绍介那时欧洲新文艺思潮的第一人。一九〇八年他翻译的小说（《域外小说集》的一部分）也是如此。

　　鲁迅的头脑受过科学的锻炼的，眼光极锐敏，心极细而胆极大。他敢正视人生，冲破黑暗，指出国民性的缺点。"中国人的不敢正视各方面，用瞒和骗，造出奇妙的逃路来，而自以为正路。在这路上，就证明着国民性的怯弱，懒惰，而又巧滑。一天一天的满足着，即一天一天的堕落着，但却又觉得日见其光荣。在事实上，亡国一次，即添加几个殉难的忠臣，后来每不想光复旧物，而只去赞美那几个忠臣；遭劫一次，即造成一群不辱的烈女，事过之后，也每每不思惩凶，自卫，却只顾歌咏那一群烈女。……中国人向来因为不敢正视人生，只好瞒和骗，由此也生出瞒和骗的文艺来，由这文艺，更令中国人更深地陷入瞒和骗的大泽中，甚而至于已经自己不觉得。世界日日改变，我们的作家取下假面，真诚地，深入地，大胆地看取人生并且写出他的血和肉来的时候早到了；早就应该有一片崭新的文场，早就应该有几个凶猛的闯将！"（《坟·论睁了眼看》）他敢猛烈地攻击虚伪，"我总不相信国粹家道德家之类的痛哭流涕是真心，即使眼角上确有珠泪横流，也须检查他手巾上可浸着辣椒水或生姜汁。什么保存国故，什么振兴道德，什么维持公理，什么整顿学风……心里可真是这样想？一做戏，则前台的架子，总与在后台的面目不相同。但看客虽然明知是戏，只要做得像，也仍然能够为它悲喜，于是这出戏就做下去了；有谁来揭穿的，他们反以为扫兴。……然而看看中国的一些人，至少是上等人，他们的对于神，宗教，传统的权威，是'信'和'从'呢，还是'怕'和'利用'？只要看他们的善于变化，毫无特操，是什么也不信从的，但总要摆出和内心两样的架子来。"(《华盖集续编·马上支日记（七月二日）》)揭穿假面，毫不留情。这是他的伟大之处。

鲁迅的头脑虽极冷静，而赤血极热烈，意志极坚强，明明感到寂寞，无可措手的了，"凡有一人的主张，得了赞和，是促其前进的，得了反对，是促其奋斗的，独有叫喊于生人中，而生人并无反应，既非赞同，也无反对，如置身毫无边际的荒原，无可措手的了，这是怎样的悲哀呵，我于是以我所感到者为寂寞。"(《呐喊·自序》)但是他决不灰心，决不妥洽，总要拼命地刻苦地干下去，奋斗到底。"对于旧社会和旧势力的斗争，必须坚决，持久不断，而且注重实力。……我们急于要造出大群的新的战士，但同时，在文学战线上的人还要'韧'。"(《二心集·对于左翼作家联盟的意见》)主张韧性的战斗，这又是他的伟大之处。

鲁迅对于民族解放事业，坚贞无比，在一九〇三年留学东京时，赠我小像，后补以诗，曰：

> 灵台无计逃神矢，风雨如磐暗故园。
> 寄意寒星荃不察，我以我血荐轩辕。

三十余年来，刻苦奋斗以至于死，完全是为中华民族的生存而牺牲，一息尚存，不容稍懈。……他的著译已经印行者不下五十种，单是创作方面就有二百万言，这都是心血

的贡献，永远不朽的。又其最近作《半夏小集》里有这样
的话：

> 用笔和舌，将沦为异族的奴隶之苦告诉大家，自然
> 是不错的，但要十分小心，不可使大家得着这样的结
> 论："那么，到底还不如我们似的做自己人的奴隶好。"
> ……
> 这是明亡后的事情。
> 凡活着的，有些出于心服，多数是被压服的。但活
> 得最舒服横恣的是汉奸；而活得最清高，被人尊敬的，
> 是痛骂汉奸的逸民。后来自己寿终林下，儿子也不妨应
> 试去了，而且各有一个好父亲。至于默默抗战的烈士，
> 却很少能有一个遗孤。
> 我希望目前的文艺家，并没有古之逸民气。（《作
> 家月刊》二卷一号）

当此民族危机已经到了最后关头的时候，愿我国民一齐
奋斗，汉奸自然应该打倒，逸民气也万不可有，这才是真正
地纪念鲁迅！

一九三六年十月二十七日

一九三三年的鲁迅 |

怀亡友鲁迅

"旧朋云散尽，余亦等轻尘！"这是鲁迅哭范爱农的诗句，不料现在我在哭鲁迅了！怀念"平生风谊兼师友"，我早该写点东西了，可是总不能动手，挥泪成文，在我是无此本领的。日前有《益世报》记者来要我关于鲁迅的文字，屡辞不获，匆匆写了一短篇，题曰"我所认识的鲁迅"，聊以塞责，未能抒怀。现在《新苗》又快要付印，就献给这一篇：先叙回忆，次述其致死之由，最后则略及其生平和著作。

一　三十五年的回忆

三十五年来，对于鲁迅学术研究的邃深和人格修养的伟大，我是始终佩服的。一九〇二年夏，我往东京留学，他也是这一年由南京矿路学堂毕业派往的，比我早到若干日，我们在弘文学院同修日语，却是不同班（我在浙江班，他在江南班）。他此后的略历如下：

1902 年—1904 年夏	弘文学院预备日语
1904 年秋—1906 年春	入仙台医学专门学校
1906 年春—1909 年春	在东京研究文学兼习德文俄文
1909 年春—1910 年夏	归国，在杭州任浙江两级师范学堂生理学及化学教员
1910 年秋—1911 年冬	在绍兴，任中学堂教务长，师范学校校长
1912 年春—1926 年夏	一九一二年春任南京教育部部员，同年夏部迁北京任科长金事，一九二○年起兼任北京大学、师范大学、女子师范大学讲师
1926 年秋冬	任厦门大学教授
1927 年春夏	在广州任中山大学教授兼教务长

1927 年秋—1936 年 10 月 19 日 在上海专事著译

自一九○二年秋至一九二七年夏，整整二十五年中，除了他在仙台、绍兴、厦门合计三年余，我在南昌（一九一七年冬至一九二○年底）三年外，晨夕相见者近二十年，相知之深有如兄弟。一九二七年广州别后，他蛰居上海，我奔走南北，晤见虽稀，音问不绝。

鲁迅在弘文时，课余喜欢看哲学文学的书。他对我常常谈到三个相连的问题：一、怎样才是理想的人性？二、中国国民性中最缺乏的是什么？三、它的病根何在？这可见当时他的思想已经超出于常人。后来，他又谈到志愿学医，要从科学入手，达到解决这三个问题的境界。我从此就非常钦佩：以一个矿学毕业的人，理想如此高远，而下手功夫又如此切实，真不是肤浅凡庸之辈所能梦见的。学医以后，成绩又非常之好，为教师们所器重。可是到了第二学年春假的时候，他照例回到东京，忽而"转变"了。

"我退学了。"他对我说。

"为什么？"我听了出惊问道，心中有点怀疑他的见异思迁。"你不是学得正有兴趣么？为什么要中断……"

"是的，"他踌躇一下，终于说，"我决计要学文艺了。中国的呆子，坏呆子，岂是医学所能治疗的么？"

我们相对一苦笑，因为呆子坏呆子这两大类，本是我们日常谈话的资料。《呐喊·自序》文里写这"转变"的经过很详细。

　　……有一回，我竟在画片上忽然会见我久违的许多中国人了，一个绑在中间，许多站在左右，一样是强壮的体格，而显出麻木的神情。据解说，则绑着的是替俄国做了军事上的侦探，正要被日军砍下头颅来示众，而围着的便是来赏鉴这示众的盛举的人们。

　　这一学年没有完毕，我已经到了东京了，因为从那一回以后，我便觉得医学并非一件紧要事，凡是愚弱的国民，即使体格如何健全，如何茁壮，也只能做毫无意义的示众的材料和看客，病死多少是不必以为不幸的。所以我们的第一要著，是在改变他们的精神，而善于改变精神的是，我那时以为当然要推文艺，于是想提倡文艺运动了。

　　他对于这文艺运动——也就是对于国民性劣点的研究，揭发，攻击，肃清，终身不懈，三十年如一日，真可谓"鞠躬尽瘁，死而后已"，这是使我始终钦佩的原因之一。

　　我们今年晤面四回，他都是在病中，而以七月二十七日一回，病体的情形比较最佳，确乎已经是转危为安了。谈话半天，他留我晚饭，赠我一册病中"手自经营"、刚才装订完成的《凯绥·珂勒惠支版画选集》，并于卷端手题小文：

　　　　印造此书，自去年至今年，自病前至病后，手自经营，才得成就，持赠季市一册，以为纪念耳。

　　到了九时，我要去上京沪夜车了，握着这版画集告别，又欣喜，又惆怅，他还问我几时再回南，并且送我下楼出门，万不料这竟就是他题字赠我的最后一册，万不料"这一去，竟就是我和他相见的末一回，竟就是我们的永诀"。

二　致死之由

鲁迅所患的是肺病，而且是可怕的肺结核，虽经医师给了好几回警告，他却不以为意，也没有转告别人，谁都知道肺病是必须安心调养的，何况他自己是懂得医学的，但是他竟不能这样做！本年四月五日给我一信，其中有云：

> 我在上月初骤病，气喘几不能支，注射而止，卧床数日始起，近虽已似复原，但因译著事烦，终极困顿。倘能优游半载，当稍健，然亦安可得哉？

并不说明肺病，我又疏忽糊涂，以为不过是感冒之类，所以回信只劝他节劳调摄。五月底我往上海，看见他气喘未痊，神色极惫，瘦削不成样子，才知道这病势严重，极为担心，便劝他务必排遣一切，好好地疗养半年，他很以为然，说："我从前总是为人多，为己少，此后要想专心休养了。"六月初，景宋来信云病体已转危为安，到七月一日，我再晤面，确乎已渐恢复。医师劝他转地疗养，我便竭力怂恿，回家后还去信催问动身日期。他七月十七日复信有云：

> 三日惠示早到，弟病虽似向愈，而热尚时起时伏，

所以一时未能旅行。现仍注射，当继续八日或十五日，至尔时始可定行止，故何时行与何处去，目下初未计及也。

又九月二十五日信云：

贱恙时作时止，毕竟如何，殊不可测，只得听之。

病势拖久，原是极可忧虑之事。他九月五日所作的一篇《死》（《中流》一卷二期），中间有记述 D 医师诊断的一段，很可注意：

……大约实在是日子太久，病象太险了的缘故罢，几个朋友暗自协商定局，请了美国的 D 医师来诊察了。他是在上海的唯一的欧洲的肺病专家，经过打诊，听诊之后，虽然誉我为最能抵抗疾病的典型的中国人，然而也宣告了我的就要灭亡；并且说，倘是欧洲人，则在五年前已经死掉。这判决使善感的朋友们下泪。我也没有请他开方，因为我想，他的医学从欧洲学来，一定没有学过给死了五年的病人开方的法子。

再检视两年前他的手札，如云："从月初起，天天发热，不能久坐，盖疲劳之故，四五天以前已渐愈矣。上海多琐事，亦殊非好住处也。"（一九三四年十一月二十七日）又云："弟因感冒，害及肠胃，又不能优游，遂至颓惫多日，幸近已向愈，胃口亦渐开，不日当可复原。"（十二月九日）话虽如此，其实病根都在肺部，偶因感冒或过劳而加剧罢了。所可悲痛的是始终不能优游，直到临死的前日，还不能不工作如故，而且"要赶快做"。……

三　生平和著作

鲁迅的人格和作品的伟大稍有识者都已知道，原无须多说。至于他之所以伟大，究竟本原何在？依我看，就在他的冷静和热烈双方都彻底。冷静则气宇深稳，明察万物；热烈则中心博爱，自任以天下之重。其实这二者是交相为用的。经过热烈的冷静，才是真冷静，也就是智；经过冷静的热烈，才是真热烈，也就是仁。鲁迅是仁智双修的人。唯其智，所以顾视清高，观察深刻，能够揭破社会的黑暗，抉发民族的劣根性，这非有真冷静不能办到的；唯其仁，所以他的用心，全部照顾到那愁苦可怜的劳动社会的生活，描写得极其逼真，而且灵动有力。他的一支笔，从表面看，有时好像是冷冰冰的，而其实是藏着极大的同情，字中有泪的。这非有真热烈不能办到的。欲明此意，只将《呐喊》中的《阿Q正传》和《彷徨》中的《祝福》两篇，比照对看便知。

鲁迅又是言行一致的人。他的二百万言以上的创作，任取一篇，固然都可以看出伟大的人格的反映，而他的五十六年的全生活，为民族的生存而奋斗，至死不屈，也就是一篇天地间的至文——一篇可泣可歌光明正大的至文，这仁智双修言行一致八个字，乃是鲁迅之所以为鲁迅！

有人以为鲁迅多怒、好骂是一个缺点，骂他者和被骂者都不是他的敌手，实在不值得费这许多光阴，花这许多气力去对付，所谓"割鸡焉用牛刀"。殊不知这正是鲁迅的伟大之处。他看准了缺点，就要愤怒，就要攻击，甚而至于要轻蔑。他的最近作《半夏小集》里有这样的话：

琪罗编辑圣·蒲孚的遗稿，名其一部为《我的毒》（Mes Poisons）；我从日译本上，看见了这样的一条：

"明言着轻蔑什么人，并不是十足的轻蔑。惟沉默是最高的轻蔑。——我在这里说，也是多余的。"

诚然，"无毒不丈夫"，形诸笔墨，却还不过是小毒。最高的轻蔑是无言，而且连眼珠也不转过去。

我从来不会看到鲁迅有谩骂，倒是只看见他的慎重。他的骂人是极有分寸，适如其分，连用字都非常谨严，仿佛戥子秤过似的。所谓"以直报怨"，"即以其人之道，还治其人之身"。

他的慎重，我在此只举一个例，就可以概见其余。当一九二五年初，《京报副刊》征求"青年必读书"，有许多人大开书目，陆续发表，连我也未能免俗，他呢？只写了十四个大字，叫作：

从来没有留心过，所以现在说不出。

后面有附注（见《华盖集》）。可见自命为青年的导师的，不见得胜任愉快，而他的谨慎功夫，则真可为青年的领导。

又有人以为鲁迅多疑，这是确的，他曾经有自白，例如《关于杨君袭来事件的辩正》（《集外集》）其一有云：

现在我对于我那记事后半篇中神经过敏的推断这几段，应该注销。但以为那记事却还可以存在：这是意外地发露了人对人——至少是他对我和我对他——互相猜疑的真面目了。

又其二有云：

今天接到一封信和一篇文稿，是杨君的朋友，也是我的学生做的，真挚而悲哀，使我看了很觉得惨然，自己感到太易于猜疑，太易于愤怒。他已经陷入这样的境地了，我还可以不赶紧来消除我那对于他的误解么？

然而旧社会上，另一方面的下劣凶残，每每有出于他的猜疑之外的，这又从何说起呢！例如《记念刘和珍君》（《华盖集续编》）所云：

> ……我向来是不惮以最坏的恶意来推测中国人的，然而我还不料，也不信竟会下劣凶残到这地步。

又有人以为鲁迅长于世故，却又有人以为他不通世故，其实都不尽然，只是与时宜不合罢了。他在《世故三昧》（《南腔北调集》）里说得很明白：

> ……待到他们又在谈着这事的时候，我便说出我的所见来，而不料大家竟笑容尽敛，不欢而散了，此后不和我谈天者两三月。我事后才悟到打断了他们的兴致，是不应该的。

这种使人扫兴的事，那些更"'深于世故'而避开了'世'不谈"者决不会做，而鲁迅热情难遏，偏要"说出"，是知其不可而为之。

总之，鲁迅是伟大的。……

一九三六年十一月八日鲁迅逝世后十九日

| 鲁迅在教育部任职时的第一个住所——北京绍兴县馆

鲁迅的生活

　　鲁迅是预言家，是诗人，是战士。我在《怀亡友鲁迅》文中说过，"他的五十六年全生活是一篇天地间的至文"，也就是一篇我们中华民族的杰作。这样伟大的一生绝不是短时间所能说尽的，不过随便谈谈，得个大概罢了。

　　在开讲之前，我要问诸位一声，诸位大概在中学时代，甚而至于在小学时代已经读过了鲁迅的作品。读了之后，在没有会见他或者没有见过他的照相之前，那时诸位的想象中，鲁迅是怎样一个人？这种回忆，对于鲁迅的认识上是很有帮助的。我的一位朋友的女儿，十余年前，在孔德学校小学班已经读了鲁迅的作品，有一天，听说鲁迅来访她的父亲了，她便高兴之极，跳跃出去看，只觉得他的帽子边上似乎有花纹，很特别。等到挂上帽架，她仰着头仔细一望，原来不过是破裂的痕迹。后来，她对父亲说："周老伯的样子很奇怪。我当初想他一定是着西装，皮鞋，头发分得很光亮的。他的文章是这样漂亮，他的服装为什么这样不讲究呢？"

再讲一个近时的故事：这见于日本内山完造的《鲁迅先生》文中，用对话体记着，有一天，鲁迅照常穿着粗朴的蓝布长衫，廉价的橡皮底的中国鞋，到大马路 Cathy Hotal 去看一个英国人。

"可是，据说房间在七层楼，我就马上去搭电梯。那晓得司机的装着不理会的脸孔，我以为也许有谁要来罢，就这么等着。可是谁也没有来，于是我就催促他说'到七层楼'，一催，那司机的家伙便重新把我的神气从头顶到脚尖骨溜骨溜地再打量一道，于是乎说'走出去'！终于被赶出了电梯。"

"那才怪呢！后来先生怎么呢？"

"没有办法，我便上扶梯到七层楼：于是乎碰见了目的的人，谈了两小时光景的话，回来的时候，那英国人送我到电梯上。恰巧，停下来的正是刚才的那一部电梯。英国人非常殷勤，所以这次没有赶出我，不，不是的，那个司机非常窘呢。——哈哈哈……"（《译文》二卷三期，日本原文见《改造》十八卷十二号）

关于鲁迅容貌的印象：我在此引一个英国人的话，颇觉简而得要，这见于 H. E.Shadick 的《对鲁迅的景仰》文中。

他是燕大英文学系主任教授，不曾会见过鲁迅，只是从照相上观察，说道：

> "在我的面前呈现着一张脸，从耸立的头发到他的有力的颚骨，无处不洋溢出坚决和刚毅。一种坦然之貌，惟有是完美的诚恳的人才具备的。前额之下，双眼是尖锐的，而又是忧郁的。眼睛和嘴都呈露出他的仁慈心和深切的同情，一抹胡须却好像把他的仁慈掩盖过去。"

> "这些特质同样地表现在他的作品中，在他的生命里……"（原文见《燕大周刊丛书》之一，《纪念中国文化巨人鲁迅》）

鲁迅的生活状况可分为七个时期：（一）幼年在家时期，一至十七岁；（二）江南矿路学堂时期，十八至二十一岁；（三）日本留学时期，二一二至二十九岁；（四）杭州绍兴教书时期，二十九至三十一岁；（五）北京工作时期，三十二至四十六岁；（六）厦门广州教书时期，四十六至四十七岁；（七）上海工作时期，四一七至五十六岁。

一、幼年在家时期：一至十七岁，预备时期（1881—1897）这期的时代背景最大的有甲午中日之战。

鲁迅的幼年生活有他的回忆录——《旧事重提》，后改名为《朝花夕拾》——可供参考，现在略举几个特点如下：

一　好看戏

（甲）五猖会（见《朝花夕拾》）是一件罕逢的盛事，在七岁时候，正当高兴之际，突然受了打击，他的父亲要他读熟《鉴略》数十行，背不出不准去，后来虽然背出，不遗一字，却已弄到兴趣索然。

（乙）社戏（见《呐喊》）

（丙）夜戏，目连戏（见《朝花夕拾·无常》）

（丁）女吊（见《中流》三期）绍兴有两种特色的鬼：一种是表现对于死的无可奈何，而且随随便便的"无常"，一种便是"女吊"，也叫作"吊神"，是带复仇性的，比别的一切鬼魂更美，更强的鬼魂。鲁迅临死前二日——十月十七日下午在日本作家鹿地亘的寓所，也谈到这"女吊"，这可称鲁迅的最后谈话。（日本池田幸子有一篇《最后一天的鲁迅》记及此事，见日本杂志《文艺》四卷十二号。）

（戊）胡氏祠堂看戏　这点在他的著作里是没有谈到，我从他的母亲那里听来的：在十余岁时候，胡家祠堂里演戏，他事先已经看好了一个地方——远处的石凳。不料临时为母亲所阻止，终于哭了执意要去看，至则大门已关，不得进去。后来知道这一天，因为看客太多，挤得石凳断了，摔下来，竟有被压断胫骨的。他之不得其门而入，幸哉幸哉！

他幼年爱好看戏，至于如此，可是后来厌恶旧剧了。

二　好绘画

（甲）描画　用一种荆川纸，蒙在小说的绣像上一个个描下来，像习字时候的影写一样。……最成片段的是《荡寇志》和《西游记》的绣像，都有一大本。（见《朝花夕拾·从百草园到三味书屋》）

（乙）搜集图画（见《朝花夕拾·阿长与山海经、二十四孝图》）

这和他后来中年的搜集，研究汉画像，晚年的提倡版画，有密切的关系。

三　不受骗

（甲）不听衍太太的摆布（见《朝花夕拾·琐记》）

（乙）对于《二十四孝图》的怀疑　"其中最使我不解，甚至于发生反感的，是'老莱娱亲'和'郭巨埋儿'两件事。"（见《朝花夕拾·二十四孝图》）

这样从小就有独到之见，和上述的艺术兴趣，可见他在此时期，天才的萌芽已经显露出来了。

二、江南矿路学堂时期： 十八至二十一岁（1898—1901）这期的国家大事有戊戌变法和庚子义和团之役。

他的学堂生活从此开始，起初考入水师学堂，后才改入矿路学堂，《朝花夕拾》里有一篇《琐记》是可参考的。此外，还有几件事：

（一）爱看小说　新小说购阅不少。对于功课从不温习，也无须温习，而每逢月考，大考，名列第一者十居其八。

（二）好骑马　往往由马上坠落，皮破血流，却不以为意，常说："落马一次，即增一次进步。"

（三）不喜交际

至于苦学的情况，如以八圆旅费上南京，夹裤过冬，凡上下轮船总是坐独轮车，一边搁行李，一边坐人。

三、日本留学时期： 二十二至二十九岁，修养时期（1902—1909夏）这期的大事是俄兵占领奉天，日俄开战；革命思潮起于全国，和他个人关系较切的有章太炎师的下狱；徐锡麟，秋瑾的被杀等。

这留学时期又可分为三个小段：（一）东京弘文学院时期，（二）仙台医学专门学校时期，（三）东京研究文学时期。

（一）东京弘文学院时期（1902—1904夏）

此时，我初次和他相识，他在课余爱读哲学文学的书以及常常和我谈国民性问题，这已见于拙著《怀亡友鲁迅》，兹不赘述。他曾为《浙江潮》撰文，有《斯巴达之魂》《说钽》等（见《集外集》），钽即镭也。

（二）仙台医专时期（1904—1906春）

他学医的动机：（一）恨中医耽误了他的父亲的病。（二）确知日本明治维新是大半发端于西医的事实。以上两点，参阅《呐喊》序文和《朝花夕拾·父亲的病》便知。但是据我所知，除此以外，还对于一件具体的事实起了宏愿，也可以说是一种痴想，就是：（三）救济中国女子的小脚，要想解放那些所谓"三寸金莲"，使恢复到天足模样。后来，实地经过了人体解剖，悟到已断的筋骨没有法子可想。这样由热望而苦心研究，终至于断念绝望，使他对于缠足女子的同情，比普通人特别来得大，更由绝望而愤怒，痛恨赵宋以后历代摧残女子者的无心开，所以他的著作里写到小脚都是字中含泪的。例如：

（1）见了绣花的弓鞋就摇头。(《朝花夕拾·范爱农》)

（2）"至于缠足，更要算在土人的装饰法中，第一等的新发明了。……可是他们还能走路，还能做事；他们终是未达一间，想不到缠足这好法子。……世上有如此不知肉体上的苦痛的女人，以及如此以残酷为乐，丑恶为美的男子，真是奇事怪事。"(《热风·随感录四十二》)

（3）小姑娘六斤新近裹脚，"在土场上一瘸一拐的往来"。(《呐喊·风波》)

（4）讨厌的"豆腐西施"，"两手搭在髀间，没有系裙，张着两脚，正像一个画图仪器里细脚伶仃的圆规"。(《呐喊·故乡》)

（5）爱姑的"两只钩刀样的脚"。(《彷徨·离婚》)

（6）"……女人的脚尤其是一个铁证，不小则已，小则必求其三寸，宁可走不成路，摇摇摆摆。"(《南腔北调集·由中国女人的脚，推定中国人之非中庸，又由此推定孔夫子有胃病》)

他的感触多端，从比着重在国民性劣点的研究了。可见《呐喊》序文所载，在微生物学讲义的影片里，忽然看到咱们中国人的将被斩，就要退学，决意提倡文艺运动，这影片不过是一种刺激，并不是唯一的刺激。

（三）东京研究文学时期（1906—1909夏）

一九〇二年的夏天，留日学生的人数还不过二三百，后来"速成班"日见增多，人数达到二万，真是浩浩荡荡，他们所习的科目不外乎法政、警察、农、工、商、医、陆军、教育等，学文艺的简直没有，据说学了文学将来是要饿死的。

然而鲁迅就从此致力于文艺运动，至死不懈。

此时，他首先绍介欧洲新文艺思潮，尤其是弱小民族、被压迫民族的革命文学。有两件事应该提到的：（一）拟办杂志《新生》，（二）译域外小说。这两件事说来颇长，好在他令弟知堂（作人）所作的《关于鲁迅（二）》（《宇宙风》三十期）文中已经叙明，我不必重复详说，只略略有所补充而已。《新生》虽然没有办成，可是书面的图案以及插图等等，记得是统统预备好了，一事不苟的；连它的西文译名，也不肯随俗用现代外国语，而必须用拉丁文曰 Vita Nuova。后来，鲁迅为《河南》杂志撰《文化偏至论》《摩罗诗力说》，绍介英国的拜伦，德国的尼采，索宾霍尔，挪威的易卜生，及俄国波兰匈牙利的诗人等。《域外小说集》初印本的书面也是很优美的，图案是希腊的艺术，题字是篆文"域外小说集"，纸质甚佳，毛边不切。

大家都知道《新青年》杂志是新文化运动——文学革命、思想革命——的急先锋。它的民七，一月号，胡适之的

《归国杂感》，说调查上海最通行的英文书籍，"都是和现在欧美的新思想毫无关系的，怪不得我后来问起一位有名的英文教习，竟连 Bernard Shaw 的名字也不曾听见过，不要说Tsheckhov 和 Andrejev 了，我想这都是现在一班教会学堂出身的英文教习的罪过"。殊不知周氏兄弟在民七的前十年，早已开始译 Tsheckhov 和 Andrejev 的短篇小说了。

鲁迅实在是绍介和翻译欧洲新文艺的第一个人。

总之，他在游学时期，用心研究人性和国民性问题，养成了冷静而又冷静的头脑。唯其爱国家爱民族的心愈热烈，所以观察得愈冷静。这好比一个医道高明的医师，遇到了平生最亲爱的人，患着极度危险的痼疾，当仁不让，见义勇为，一心要把他治好。试问这个医师在这时候，是否极度冷静地诊察，还是蹦蹦跳跳，叫嚣不止呢？这冷静是他的作品所以深刻的根本原因。

四、杭州绍兴教书时期：二十九岁至三十一岁（1909夏—1911冬）这时期的大事是辛亥革命。

民元前三年夏，他因为要负担家庭的费用，不得不归国做事了。在杭州任两级师范学堂生理和化学教员一整年，在绍兴任中学堂教务长一年余，革命以后，任师范学校校长几个月。

在两级师范教化学的时候，有过这样的一件事："他在教室试验轻气的燃烧，因为忘记携带火柴了，故于出去时告学生勿动收好了的轻气瓶，以免混入空气，在燃烧时炸裂。

但是取火柴回来一点火，居然爆发了；等到手里的血溅满了白的西装硬袖和点名簿时，他发现前两行只留着空位：这里的学生，想来是趁他出去时放进空气之后移下去的，都避在后面了。"所以孙春台（福熙）的《我所见于〈示众〉者》里说："鲁迅先生是人道主义者，他想尽量的爱人；然而他受人欺侮，而且因为爱人而受人欺侮。倘若他不爱人，不给人以轻气瓶中混入空气，燃烧时就要爆裂的智识，他不至于炸破手。……"（民十五，五月。《京报副刊》）

五、北平工作时期：三十二至四十六岁（民一至十五年秋，即 1912—1926 秋）这期的大事，国内有民元中华民国成立，民四日本二十一条的威胁及洪宪称帝，民六张勋复辟运动。民十四孙中山先生逝世及上海五卅惨案，民十五北京三一八惨案及国民革命军北伐；国外有世界大战。

元年一月，临时政府成立于南京，鲁迅应教育总长蔡子民先生之招，到部办事，公余老是钞沈下贤的集子。一日，曾偕我同董恂士（鸿祎）去访驻防旗营的残址，只见已经成了一片瓦砾场，偶尔剩着几间破屋，门窗全缺，情状是很可怜，使他记起了从前在矿路学堂读书的时候，骑马过此，不甘心受旗人的欺侮，扬鞭穷追，以致坠马的故事。

同年五月，到北京，住绍兴会馆，先在藤花馆，后在补树书屋，这便是相传在槐树上缢死过一个女人，从此多年没有人要住的。八年移居八道湾，十二年迁寓砖塔胡同，十三年移入宫门口西三条新屋。

在北京工作十五年。其间又可分为前后两段，以《新青年》撰文（民国七年）为界，前者重在辑录研究，后者重在创作。

前期住在会馆，散值后的工作是：（一）钞古碑，（二）辑故书，这二事可参考知堂的《关于鲁迅》。（《宇宙风》二九期）（三）读佛经，鲁迅的信仰是科学，不是宗教，他说佛教和孔教一样，都已经死亡，永不会复活了。所以他对于佛经，只作人类思想史的材料看，借此研究其人生观罢了。别人读了佛经，就趋于消极，而他独不然。

至于他的创作短篇小说，开始在民国七年四月，发表在同年五月号的《新青年》，正值五四运动的前一年。其第一篇曰《狂人日记》，才用"鲁迅"作笔名，"从此以后，便一发而不可收"，他的创作力好像长江大河，滚滚不绝。这是鲁迅生活上的一个大发展，也是中国文学史上应该大书特书的一章。因为从此，文学革命才有了永不磨灭的伟绩，国语文学才有了不朽的划时代的杰作，而且使他成为我们中国思想界的先知，民族解放上最勇敢的战士。现在时间有限，我只就《狂人日记》和《阿Q正传》两篇作个举例的说明而已。

《狂人日记》是借了精神迫害狂者来猛烈地掊击礼教的。据鲁迅自己说："因那时的认为'表现的深切和格式的特别'，颇激动了一部分青年读者的心。然而这激动，却是向来怠慢了绍介欧洲大陆文学的缘故。一八三四年顷，俄国的果戈理（N.Gogol）就已经写了《狂人日记》……但后起的《狂人日记》意在暴露家族制度和礼教的弊害，却比果戈理的忧愤深广，也不如尼采的超人的渺茫。"（参阅《中国新文学大系·小说二集导言》）这是实实在在的话，试问读到篇中所云：

> "我翻开历史一查，这历史没有年代，歪歪斜斜的每叶上都写着'仁义道德'几个字。我横竖睡不着，仔细看了半夜，才从字缝里看出字来，满本都写着两个字是'吃人'！"

又云：

> "有了四千年吃人履历的我，当初虽然不知道，现在明白，难见真的人！"

有谁不感到礼教的迫害，有谁不想奋起而来攻击呢？他的其余作品有好多篇仿佛可作这《狂人日记》的说明，《祝福》便是一个例子。《祝福》的惨事，不惨在狼吃了"阿毛"，而惨在礼教吃了"祥林嫂"。

我那时在南昌，读到《狂人日记》就非常感动，觉得这很像周豫才的手笔，而署名却是姓鲁，天下岂有第二个豫才乎？于是写信去问他，果然回信来说确是"拙作"，而且那同一册里有署名"唐俟"的新诗也是他做的。到了九年的年底，我们见面谈到这事，他说："因为《新青年》编辑者不愿意有别号一般的署名，我从前用过'迅行'的别号是你所知道的，所以临时命名如此：理由是（一）母亲姓鲁，（二）周鲁是同姓之国，（三）取愚鲁而迅速之意。""至于唐俟呢？"他答道："哦！因为陈师曾（衡恪）那时送我一方石章，并问刻作何字，我想了一想，对他说'你叫作槐堂，我就叫俟堂罢'。"我听到这里，就明白了这"俟"字的含义。那时部里的长官某很想挤掉鲁迅，他就安静地等着，所谓"君子居易以俟命"也。把"俟堂"两个字颠倒过来，堂和唐两个字同声可以互易，于是成名曰"唐俟"，周，鲁，唐，又都是同姓之国也。可见他无论何时没有忘记破坏偶像的意思。

《阿Q正传》的署名是"巴人"，取"下里巴人"，并不高雅的意思（《华盖集续编·〈阿Q正传〉的成因》）。大家都知道这是一篇讽刺小说，在描写中国民族的魂灵。知堂在十一年三月十九日《晨报副刊》上说过："阿Q这人是中国一切的谱——新名词称作'传统'——的结晶，没有自己的意志而以社会的因袭的惯例为其意志的人，所以在实社会里是不存在而又到处存在的……（他）承受了噩梦似的四千年来的经验所造成的一切'谱'上的规则，包含对于生命幸福名誉道德各种意见，提炼精粹，凝为个体，所以实在是一幅中国人品性的'混合照相'，其中写中国人的缺乏求生意志，不知尊重生命，尤为痛切，因为我相信这是中国人的最大的病根。"（仲密：《自己的园地》八。后来印成单行本的时候，这一篇未见收入。）

《阿Q正传》发表于民国十年十二月，到现今是整整的十五年了。我每次读到它，总感觉一种深刻和严肃，并且觉得在鲁迅的其余作品中，有许多处似乎可当作这篇的注解或说明来读，因为描写阿Q的劣性仿佛便是描写民族的劣性故也。现在随便举出几点，彼此参照，便可了然，例如：

（一）自大　阿Q和别人口角的时候，间或瞪着眼睛道："我们先前——比你阔的多啦！你算是什么东西！"这宛然是以"中国地大物博，开化最早，道德天下第一"自负的国粹派的口吻，鲁迅所时常指摘的："他们自己毫无特别才能，可以夸示于人，所以把这国拿来做个影子；他们把国里的习惯制度抬得很高，赞美的了不得；他们的国粹，既然这样有荣光，他们自然也有荣光了！"（《热风·随感录三十八》）

（二）卑怯　阿Q"发起怒来，估量了对手，口讷的他便骂，气力小的他便打……"试读《随感录四十八》有云："中国人对于异族，历来只有两样称呼：一样是禽兽，一样是圣上。从没有称他朋友，说他也同我们一样的。"（《热风》）还有《通讯》云："先生（旭生）的信上说：惰性表现的形式不一，而最普通的，第一就是听天任命，第二就是中庸。我以为这两种态度的根柢，怕不可仅以惰性了之；其实乃是卑怯。遇见强者，不敢反抗，便以'中庸'这些话来粉饰，聊以自慰。所以中国人倘有权力，看见别人奈何他不得，或者有'多数'作他护符的时候，多是凶残横恣，宛然一个暴君，做事并不中庸；待到满口'中庸'时，乃是势力已失，早非'中庸'不可的时候了。一到全败，则又有'命运'来做话柄，纵为奴隶，也处之泰然，但又无往而不合于圣道。这些现象，实在可以使中国人败亡，无论有没有外敌。要救正这些，也只好先行发露各样的劣点，撕下那好看的假面具来。"（《华盖集》）还有，《忽然想到（七）》有云："……可惜中国人但对于羊显凶兽相，而对于凶兽则显羊相，所以即使显着凶兽相，也还是卑怯的国民。这样下去，一定要完结的。……"（《华盖集》）

（三）善变——投机，迎合取巧　阿Q本来是深恶革命的，后来却也有些神往，想"革命也好罢……"试读《忽然想到（四）》里的话："……其实这些人是一类，都是伶俐人，也都明白，中国虽完，自己的精神是不会苦的，——因为都能变出合式的态度来。倘有不信，请看清朝的汉人所做的颂扬武功的文章去，开口'大兵'，闭口'我军'，你能料得到被这'大兵'，'我军'所败的就是汉人的么？你将以为汉人带了兵将别的一种什么野蛮腐败民族歼灭了。然而这一流人是永远胜利的，大约也将永久存在。在中国，惟他们最适于生存，而他们生存着的时候，中国便永远免不掉反复着先前的运命。"（《华盖集》）还有《算账》里说："……

我每遇到学者谈起清代的学术时，总不免同时想：'扬州十日'，'嘉定三屠'这些小事情，不提也好罢，但失去全国的土地，大家十足做了二百五十年奴隶，却换得这几页光荣的学术史……"（《花边文学》）

（四）自欺——精神上的胜利法　阿Q在形式上打败了之后，有种种妙法以自慰：或者算被儿子打了，或者说自己是虫豸好不好，或者简直打自己两个嘴巴，就立刻心满意足了。这类自欺欺人，别设骗局的方法，在士大夫之间也何尝没有？"……有时遇到彰明的史实，瞒不下，如关羽岳飞的被杀，便只好别设骗局了。一是前世已造夙因，如岳飞；一是死后使他成神，如关羽。定命不可逃，成神的善报更满人意，所以杀人者不足责，被杀者也不足悲，冥冥中自有安排，使他们各得其所，正不必别人来费力了。中国人的不敢正视各方面，用瞒和骗，造出奇妙的逃路来，而自以为正路。在这路上，就证明着国民性的怯弱，懒惰，而又巧滑。一天一天的满足着，即一天一天的堕落着，但却又觉得日见其光荣，在事实上，亡国一次，即添加几个殉难的忠臣，后来每不想光复旧物，而只去赞美那几个忠臣；遭劫一次，即造成一群不辱的烈女，事过之后，也每每不思惩凶，自卫，却只顾歌咏那一群烈女。仿佛亡国遭劫的事，反而给中国人发挥'两间正气'的机会，增高价值，即在此一举，应该一任其至，不足忧悲似的。自然，此上也无可为，因为我们已经借死人获得最上的光荣了。沪汉烈士的追悼会中，活的人们在一块很可景仰的高大的木主下互相打骂，也就是和我们的先辈走着同一的路。……"（《坟·论睁了眼看》）此外，描写着的劣性还很多，限于时间，不及备举了。

民十五年三一八惨案后，四月奉军进京，有通缉名单的传言，我和鲁迅及其他相识十余人，避居在 D 医院的一间堆积房里若干日，鲁迅在这样流离颠沛之中，还是不断地写文章，《朝花夕拾》里的《二十四孝图》《五猖会》《无常》，都是这时的作品。

这期的重要创作，已经结集者有：

小　　说：《呐喊》《彷徨》

论　　文：《坟》

讲　　义：《中国小说史略》

散文诗：《野草》

回忆文：《朝花夕拾》（前半部）

杂感集：《热风》《华盖集》《华盖集续编》

六、厦门广州教书时期：四十六，四十七岁（民十五年秋至十六年秋，即 1926—1927）时代背景是宁汉分裂，国民党清党运动。

这时期虽很短，只有一年，可是鲁迅感触多端，不很开口，"抱着梦幻而来，一遇实际，便被从梦境放逐了，不过剩下些索漠。"因之，生活极不安定，宿舍屡有更变。在厦门四个月，因为"不合时宜"，搬来搬去，终于被供在图书馆楼上的一间屋子里，虽对着春秋早暮景象不同的山光海气也不甚感动。所不能忘怀的，倒是一道城墙，据说是郑成功的遗迹。"一想到除了台湾，这厦门乃是满人入关以后我们中国的最后亡的地方，委实觉得可悲可喜。"（《华盖集续编·厦门通信》）到广州后，起初他和我同住在中山大学中最中央而最高的处所，通称"大钟楼"，后来搬出学校，租了白云楼的一组仍旧合居。"……我这楼外却不同：满天炎热的阳光，时而如绳的暴雨；前面的小港中是十几只蜑户的船，一船一家，一家一世界，谈笑哭骂，具有大都市中的悲欢。也仿佛觉得不知那里有青春的生命沦亡，或者正被杀戮，或者正在呻吟，或者正在'经营腐烂事业'和作这事业的材料。然而我却渐渐知道这虽然沉默的都市中，还有我的生命存在，纵已节节败退，我实未尝沦亡。"（《小约翰·引言》）诸位请读《两地书》，及《三闲集》里的《怎么写》《在钟楼上》两篇，便可以知道那时期他的生活的大略。

我不知道他在厦门大学担任什么科目，至于在中山大学，则任文学论和中国文学史等，因为选修文学论的学生人数太多，以致上课时间排在晚上，教室用大礼堂。这期的著作如下：

回忆文：《朝花夕拾》（后半部）

杂感集：《华盖集续编的续编》（附在《华盖集续编》之后），《而已集》

通　讯：《两地书》（一部分。与景宋合著）

讲　义：《中国文学史》（未完）

七、上海工作时期：四十七至五十六岁（民十六年秋至二十五年 10 月 19 日，即 1927—1936）国家大事有十七年的北伐成功及"五三"济南事件，二十年"九一八"后东四省的沦亡，二十一年"一·二八"上海之战。

这十年之间，国难的严重，日甚一日，鲁迅对于帝国主义的侵略、国内政治的不上轨道、上海文坛的浅薄空虚，一点也不肯放松，挺身而出，"奋笔弹射，无所避回"，于是身在围攻，禁锢之中，而气不稍馁，始终奋斗，决不屈服。这时期可以称为短评时期。他的短评，都像短兵相接，篇篇是诗，精悍无比。不识者奚落他，称之为"杂感家"，殊不知这正是他的战士生活的特色。他不想做什么领袖，也没有"藏之名山"的意思，以为一切应时的文字，应该任其消灭的。《热风》序文里说得好："……几个朋友却以为现状和那时并没有大两样；也还可以存留，给我编辑起来了。这正是我所悲哀的。我以为凡对于时弊的攻击，文字须与时弊同时灭亡，因为这正如白血轮之酿成疮疖一般，倘非自身也被排除，则当它的生命的存留中，也即证明着病菌尚在。"所以他的十多本杂感集大都是应时而作，只要时弊快快去掉，则他的文字本来愿意欢欢喜喜地消灭。

上海不是个好住处，不说别的，单是空中的煤灰和邻居的无线电收音，已经够使他心烦气闷了。他常对我说，颇想离开上海，仍回北平，医为有北平图书馆可以利用，愿意将未完的中国文学史全部写成。它的大纲早已成竹在胸，分章是《思无邪》《诸子》《离骚与反离骚》《药与酒》……他的观察史实，总是比别人深一层，能发别人所未发，所以每章都有独到的见解。我们试读《而已集》里那篇《魏晋风度及文章与药及酒之关系》，便可窥见一斑。这是他的《中国文学史》的一段，思想很新颖，议论很透辟，将一千六百年前人物的真相发露出来，成了完全和旧说不同的样子。我正盼望这部大著作能够早日观成，不料他竟赍志以殁，连腹稿也同埋地下，这是无可弥补的大损失！

　　近年来，他写文章之外，更致力于大众艺术和大众语文。前者是提倡版画，因其好玩，简便，而且有用，认为正合于现代中国的一种艺术。他个人首先搜集了许多件英、俄、德、法、日本的名刻，有时借给别人去展览，有时用玻璃版翻印出来，如《士敏土之图》《凯绥·珂勒惠支版画选集》，使艺术学徒有所观摩。一面，在上海创办木刻速修讲习会，从招生以至每日的口译，都由他一个人担任的。这个艺术现在已经很有进步，可以说风行全国了。后者是鼓吹大众语：因为汉字和大众是势不两立的。他说："现在能够实行的，我以为是（一）制定罗马字拼音（赵元任的太繁，用不来的）；（二）做更浅显的白话文，采用较普通的方言，姑且算是向大众语去的作品，至于思想，那不消说，该是'进步'的；（三）仍要支持欧化文法，当作一种后备。"（《且介亭杂文·答曹聚仁先生信》）

　　本期的重要著作，列举如下：

短评集:《三闲集》

杂文集:《二心集》

短评集:《伪自由书》(一名《不三不四集》)

杂文集:《南腔北调集》

短评集:《准风月谈》《花边文学》

历史小说:《故事新编》

通　讯:《两地书》(一部分。与景宋合著)

杂　文:《集外集》《集外集拾遗》《且介亭杂文》,

　　　　《且介亭杂文二集》《且介亭杂文末编》

此外,近年散见于各种杂志的文章,不曾由他自己结集起来,否则一定又添了一个有趣的书名。有一本题作《一九三五年——一九三六年鲁迅杂文集》,在他逝世后的一个月——十一月印行的,编次甚乱而销行甚广,绝不是他自己编订的东西,前面既无序文,书尾也不贴印花。自从他一去世,投机取巧的市侩,东抄西撮,纷纷出书,什么鲁迅自述啦,鲁迅杂感集啦,鲁迅讽刺文集啦,鲁迅最后遗著啦,陈列在书摊上,五花八门,指不胜屈。更有无耻之徒,冒名取利者,将别人的作品,换一个临时封面,公然题作"鲁迅著",例如《活力》《归家》等等,尤其可恶。请诸位千万注意,别去上当!

以上所谈,只关于他的创作方面,至于翻译,已经印行的不下三十种,工作也极其认真,字字忠实,不肯丝毫苟且,并且善能达出原文的神旨,这也是译界中不可多得的珍宝。

总之，鲁迅无论求学，做事，待人，交友，都是用真诚和挚爱的态度，始终如一，凡是和他接近过的人一定会感觉到的。他的勤苦耐劳，孜孜不倦，真可以忘食，忘寒暑，忘昼夜。在广州住白云楼的时候，天气炎热，他的住室，阳光侵到了大半间，别人手上摇着扇子，尚且流汗，可是他能在两窗之间的壁下，伏案写稿，手不停挥：修订和重抄《小约翰》的译稿；编订《朝花夕拾》，作后记，绘插图；又编录《唐宋传奇集》等等。蛰居上海以后，为生活费的关系，勤劳更甚。书案前一坐下，便是工作；工作倦了，坐到案旁的一张藤躺椅上，看看报，或是谈谈天，便算休息。生平游览极少，酬应最怕，大抵可辞则辞。衣服是布制的；鞋当初是皮的，十余年来是胶皮底帆布面的；卧床向用板床，近十年来才改。写字始终用毛笔。除了多吸烟卷而外，一无嗜好。他至死保持着质朴的学生时代的生活。

他的真挚，我不用说别的，就在游戏文字里，也是不失常度，试读《我的失恋》，便可知道。这本来是打油诗，其中所云："爱人赠我百蝶巾；回她什么：猫头鹰""爱人赠我双燕图；回她什么：冰糖壶卢""爱人赠我金表索；回她什么：发汗药""爱人赠我玫瑰花；回她什么：赤练蛇"（《野草·我的失恋》），似乎是信口胡诌了，其实不然。要晓得猫头鹰，发汗药之类，的确是他自己所心爱的或是所常用的物品，并没有一点做作。

上海鲁迅故居——山阴路大陆新村九号 |

他的富于友爱，也是常人所不能及的，最肯帮人的忙，济人的急，尤其是对于青年，体贴无微不至。但是竟还有人说他脾气大，不易相处，这是我所百思不解的。

他这样地牺牲了个人生前的幸福，努力为民族的生存和进步而奋斗，患肺结核而至于医师多次警告了，还是不肯休息，而且"要赶快做"，真是实践了他三十五年前所做的"我以我血荐轩辕"的诗句！

我说过，鲁迅之所以伟大，就在他的冷静和热烈双方都彻底。现在话已说多了，就引用他的《自嘲》诗中的两句作为今天谈话的总括罢：

> 横眉冷对千夫指；
> 俯首甘为孺子牛。

上句表冷静，下句表热烈。关于上句，请参阅"我的确时时解剖别人，然而更多的是更无情面地解剖我自己，发表一点，酷爱温暖的人物已经觉得冷酷了，如果全露出我的血肉来，末路正不知要到怎样。"（《坟·写在〈坟〉后面》）下句请参阅"救救孩子"（《狂人日记》的末句），"自己背着因袭的重担，肩住了黑暗的闸门，放他们到宽阔光明的地方去。"（《坟·我们现在怎样做父亲》）又景宋的哀诗所引用的"我好像一只牛，吃的是草，挤出的是奶。"即使在《自嘲》中，也可以看出他的伟大来。

一九三六年十二月十七日

怀 旧

　　鲁迅是诗人，不但他的散文诗《野草》，内含哲理，用意深邃，幽默和讽刺随处可寻。就是他的《杂感集》，依罗膺中（庸）看法，也简直是诗，因为每篇都是短兵相接，毫无铺排。至于旧诗，虽不过是他的余事，偶尔为之，可是意境和音节，无不讲究，功夫深厚，自成风格。

　　鲁迅的《集外集》已行于上年五月，所收的旧诗只有十四首，但是据我所知，他的旧诗，实在不止此数，漏落的还是很多。我还藏着录稿和他手写的诗稿有好几首，现在抄录于下。凡《集外集》已载的，概不阑入。一九〇三年他二十三岁，在东京有一首《自题小像》赠我的：

　　　　灵台无计逃神矢，风雨如磐暗故园。
　　　　寄意寒星荃不察，我以我血荐轩辕。

　　首句说留学外邦所受刺激之深，次写遥望故国风雨飘摇之状，三述同胞未醒，不胜寂寞之感，末了直抒怀抱，是一句毕生实践的格言。

　　一九一二年五月初，我和他由海道北来，到北京后，同住绍兴会馆；我和先兄铭伯在嘉荫堂，他在藤花馆。第一天，我还记得他和先兄初次晤面，便是"倾盖如故"。他看见先兄的案头有《越中先贤祠目》，便索去了一册。从此，几乎朝夕相见，每逢星期日偕游琉璃厂、陶然亭、万牲园等处。有一天，大概是七月底罢，大风雨凄暗之极，他张了伞走来，对我们说："爱农死了。据说是淹死的，但是我疑心他是自杀。"于是给我们看昨夜所作的哀诗三首：

　　　　　　风雨飘摇日，余怀范爱农。
　　　　　　华颠萎寥落，白眼看鸡虫。
　　　　　　世味秋荼苦，人间直道穷。
　　　　　　奈何三月别，竟尔失畸躬！

　　　　　　海草国门碧，多年老异乡。
　　　　　　狐狸方去穴，桃偶已登场。
　　　　　　故里寒云黑，炎天凛夜长。
　　　　　　独沉清冷水，能否涤愁肠？

　　　　　　把酒论当世，先生小酒人。

大圜犹茗苦，微醉自沉沦。

此别成终古，从兹绝绪言。

故人云散尽，我亦等轻尘！

先兄读了，很赞美它；我尤其爱"狐狸方去穴"的两句，因为他在那时已经看出袁世凯要玩把戏了。

《集外集》的第一首，题曰《哭范爱农》（下注一九一三年是错的，应作一九一二年），便是原稿的第三首。其第一第二两首，并非故意删掉，乃是忘记了的。一九二六年十一月，他在厦门写《旧事重提》的《范爱农》的时候就这么说：

夜间独坐在会馆里，十分悲凉，又疑心这消息并不确，但无端又觉得这是极其可靠的，虽然并无证据。一点法子都没有，只做了四首诗，后来曾在一种日报上发表，现在是将要忘记完了。只记得一首里的六句，起首四句是："把酒论天下，先生小酒人，大圜犹酩酊，微醉合沉沦。"中间忘掉两句，末了是"旧朋云散尽，余亦等轻尘"。（《朝花夕拾》）

其实这哀诗原来只有三首，并非四首。《集外集》所载的第三联"出谷无穷夜，新宫自在春"，可见得是临时补作的。

　　我还记得一九一二年八月，距他作诗之后不久，先兄快要出京，有和其同年友俞毓吴（铢）偕游陶然亭诗二首：

　　　　故乡山水甲东南，六载京尘失素妆。
　　　　喜有江亭临万苇，恍如湖月坐三潭。
　　　　灵棋劫后龙无首，宦梦醒时鹤可骖。
　　　　惭愧邯郸厮养妇，壁间诗句耐寻探。

　　　　西山秋色隐云端，香冢荒凉蝶梦寒。
　　　　太息绮罗成古代，依然尘壒满长安。
　　　　此间小僻堪谈往，暂别神交漫损欢。
　　　　他日还来人海里，与君抚树再盘桓。

　　鲁迅读了先兄的诗，说"太息绮罗"一联，尤为喜欢。呜呼！忽忽二十五年，追念昔游犹在心目，两人的言笑亦犹在耳，而先兄去世已经十六年，鲁迅殁已两月了！风流顿尽，为之怆然！

　　距今三年前春天，我经过上海去访鲁迅，不记得怎么一来，忽而谈到旧诗。我问他还有工夫做旧诗么，他答道偶尔玩玩而已，就立刻取了手头的劣纸，写了许多首旧作给我看。有一首是《答客诮》：

　　无情未必真豪杰，怜子如何不丈夫。

　　知否兴风狂啸者，回眸时看小於菟。

　　这大概是为他的爱子海婴活泼会闹，客人指为溺爱而作。"救救孩子"，情见乎辞。又一首是《所闻》：

　　华灯照宴敞豪门，娇女严装侍玉樽。

　　忽忆情亲焦土下，佯看罗袜掩啼痕。

　　这是一方写豪奢，一方写无告，想必是一九三二年"一·二八"闸北被炸毁后的所闻。又两首都是《无题》：

　　皓齿吴娃唱柳枝，酒阑人静暮春时。

　　无端旧梦驱残醉，独对灯阴忆子规。

　　故乡黯黯锁玄云，遥夜迢迢隔上春。

　　岁暮何堪再惆怅，且持卮酒食河豚。

　　此外，还有一首也是《无题》，已见于《集外集》，因为其中有几个字不相同，特录如次：

　　洞庭浩荡楚天高，眉黛心红涴战袍。

　　泽畔有人吟亦险，秋波渺渺失离骚。

在《集外集》里的，"浩荡"作"木落"，"心"作"猩"，"吟亦险"作"吟不得"。

去年我备了一张宣纸，请他写些旧作，不拘文言或白话，到今年七月一日，我们见面，他说去年的纸，已经写就，时正病卧在床，便命景宋拣出给我，是一首《亥年残秋偶作》：

> 曾惊秋肃临天下，敢遣春温上笔端。
> 尘海苍茫沉百感，金风萧瑟走千官。
> 老归大泽菰蒲尽，梦坠空云齿发寒。
> 竦听荒鸡偏阒寂，起看星斗正阑干。

俯视一切，感慨百端，于悲愤中寓熹微的星光也。

其余见于逝世后各种纪念文中所引的，还有若干首可找，俟后再谈。

一九三六年十二月十九日

《民元前的鲁迅先生》序

鲁迅一生功业的建立虽在民元以后，而它的发源却都在民元以前。他深切地知道医精神更重于医身体，所以毅然决然舍弃医学而研究文艺了。他曾在《浙江潮》和《河南》两种杂志上撰文，又翻译《域外小说集》，都是着重在精神革命这一点。他之所以受业于章师太炎先生，也因为他是革命的学者，"以为先生的业绩，留在革命史上的，实在比在学术史上还要大"（《且介亭杂文末编·关于太炎先生二三事》）。鲁迅后半生的成就，可以说，早在他的少作"我以我血荐轩辕"诗句中透露消息了。王冶秋先生注意及此，特地搜罗民元前鲁迅的事迹，并且井井有条地编述这一本书，使我读了不禁回想起他的逸事来了。

鲁迅的海外八年和杭州教书一年，我几乎是晨夕相见的。就是中间他去仙台学医了，每逢寒假春假和暑假也必回到东京和我同住在一个旅馆。至于他的童年和在矿路学堂的一段，可惜我知道得太少——所知道的已经发表过了，无须乎再说。正在踌躇中，忽然久违的老友张燮和——鲁迅矿路学堂的同学，同被派往日本留学的，远道来山见访了。机会难得，几句寒暄之后，我便立刻探询鲁迅在南京时的逸事——

"没有。"他想了一想，答道。

"我从前由你这里知道他那时爱看小说，好骑马，不喜交际，学业成绩优异，……此外可能还有什么？"

他又想了一想，仍旧说道："没有。"

于是我们只好谈别的事情了。但是几句之后，我又转到了鲁迅的绘图和抄书。

"抄书是大家听讲时的本分，"他说，"因为教师把整本的书写在黑板上，叫我们抄录。中间还有插图。不过鲁迅是年龄最小，抄得最快罢了。"

我听了"年龄最小"这句话便认为一种新发现，连忙追问他："他在你们一班中，年龄最小吗？全班共有若干人？"

"是的，全班二十几个人，他最小，可是他的绘图迅速而又好。我们常常因为赶不及，下课后便托他代为补绘。他每逢考试，从不曾温习功课，但总是完卷最早，成绩揭晓时，名次也总是最高，十中有九是第一，难得有一回第二。某一回，我得了第一，他第二，他便带愤带笑地说：'我下回必须把你打下去！'"

"他爱看小说，可有钱来买小说吗？"

"啊！我记起一件事了：我们每次考课都有奖金的。国文每周一次，其他小考每月一次，优者都给以三等银质奖章。依章程：凡四个三等章准许换一个二等的，又几个二等的换一个头等的，又几个头等的换一个金的。全班中，得过这种金质奖章的唯有鲁迅一个人。他得到之后，就变卖了，于是买书籍，买点心，请大家大嚼一通。"

这是我最近晤见燮和的大收获。鲁迅天资之明敏，工作之认真，当学校生活开始之初，可见已经出人头地了；所以后来在革命文艺的创作上和翻译上能够有那么大的贡献。

现在说点他在日本的逸事吧。有一次，从仙台回东京，为的要去瞻仰明末大儒朱舜水的遗迹，忽然中途在水户下车了。朱舜水反抗清朝，百折不挠，"自誓非中国恢复不归"，以致终老异域，鲁迅一向崇拜他的人格，所以亟亟乎去凭吊。下车在夜里，当然要投旅店，他进去时，店主看作他是日本学生，便领到一间极平常的房间。照例要写履历，他写道："周树人……支那。"——那时，日本称中国人曰清国人，我们却不愿自称清国，又不便称中国，因为日本也称山阳为中国，所以写作支那。哪知道这么一来，店主和主妇都大起忙头了。以为有眼不识泰山，太简慢了贵客，赶紧来谢罪，请他升到大房间里去。他心里并不愿更换，只因为店主的盛意殷勤，不好意思坚却，也就同着去。那是一间陈设很讲究的房子，华贵的寝具都是绸的新制。他把这一夜的经过情形，曾经详细对我说过——

　　"我睡下之后，暗想明天付账，囊中的钱不够了，预备一早就打电报给你，请电汇一点款子，以救'眉急'。如此决定，也就安心了。不料刚要睡熟，忽听见外面有声，报告邻居失火。我急忙穿衣逃出，一钱不花，还被店主派人领送到另一家旅店去。此番，我就首先声明，只要普通房间。夜已深了，赶快就寝，万不料朦胧中，外面又嚷着'火事，火事'了。"

　　"啊呀，你好像是'火老鸦'了！倒不是仅烧了眉毛。"我笑着说。

　　"可不是吗。我马上爬起来，出去一望，知道距离尚远，这回也就不去管它了。……"他也笑着说。

　　他经过这夜的纷扰，终于访了舜水的遗迹而回。他对于民族之坚贞，所以后来能够成为我们民族革命中最杰出的战士。

　　鲁迅是常识丰富、趣味多方面的人，因之研治科学也能够深入，尤其对于生物学，植物学，动物学等。他生平极少游玩，对于东京上野的樱花，泷川的红叶，或杭州西湖的风景，倒并不热心嘉赏。在杭州教书一年，真真的游湖只有一次，还是因为我做东道，宴新亲，请他作陪的。酒席撤去后，照例吃茶食，大家都说饭后不吃，吃亦很少。唯独他和我两个人吃之不已，大为客人所惊服。我笑着说："刚才不看见那'南岳西泠大地茅庐两个'吗？"这句子出于三潭印月彭玉麟的祠堂楹联中的，引来聊以解嘲。鲁迅从小就爱看陈淏子的《花镜》，陆玑的《毛诗草木鸟兽虫鱼疏》，晚年所著《朝花夕拾》里，还特别提起那爱种花木的远房的叔祖。又早年所作《莳花杂志》有云：

> 晚香玉本名土秘螺斯，出塞外。叶阔似吉祥草。花生穗间，每穗四五球，每球四五朵，色白，至夜尤香，形如喇叭，长寸余，瓣五六七不等，都中最盛。昔圣祖仁皇帝因其名俗，改赐今名。
>
> 里低母斯，苔类也，取其汁为水，可染蓝色纸，遇酸水则变为红，遇碱水又复为蓝。其色变换不定，西人每以之试验化学。

他在杭州时，星期日喜欢和同事出去采集植物标本，徘徊于吴山圣水之间，不是为游赏而是为科学研究。每次看他满载而归，接着做整理，压平，张贴，标名等等工作，乐此不疲，弄得房间里堆积如丘，琳琅满目。

鲁迅是革命的文学家，是民族革命的战士，而且也是个科学家，这伟大天才的菁华，在民元前已经含苞待放了。

以上拉杂写来，无非几件逸事，就算作一篇"序言"罢。

一九四二年四月十四日

关于《弟兄》

　　鲁迅的写作理论，是丰富而又正确，随处可以看到，我们只就他的《〈自选集〉自序》和《我怎样做起小说来》两篇（均见《南腔北调集》），略加理析，也便可以窥见一斑，举其要点：（一）题材要组织，不全用事实，只是采取一端，加以改造，或生发开去，人物的模特儿也不专用一个人，往往嘴在浙江，脸在北京，衣服在山西，是一个拼凑起来的角色。（二）要深究旧社会的病根，把它暴露出来，催人留心，设法加以疗治的希望。（三）有时为达到这希望计，删削些黑暗，装点些欢容，使作品比较地显出若干亮色。以上三点，我们先就《呐喊》中，举个例子说明一下罢。如《药》，夏瑜显然是革命先烈秋瑾的改造，就义的地方——古□亭口就是绍兴城里的古轩亭口，但是女性改写作男性了，就义原在夏天，却改写作秋天了，此其一。革命先烈的成仁，只供人血馒头之用，来暴露旧社会的愚妄，此其二。夏瑜被埋在密密层层的丛冢堆中，而坟顶上放着一个花环，此其三。

再就《彷徨》中举个例罢，《彷徨》的作风已经和《呐喊》的时代不一样，他的思路和技术，都更有了进步，但是寂寞之感也跟着增加，因之上文所述的（三）"装点欢容"，已经渺不可得了。例如《弟兄》这篇写张沛君为了兄弟患病，四处寻医，种种忧虑奔走的情形，大部分是鲁迅自身经历的事实。大约在一九一七年的春末夏初罢，他和二弟作人同住在绍兴会馆补树书屋，作人忽而发高热了。那时候，北京正在流行着猩红热，上午教育部有一位同事且因此致死。这使鲁迅非常担忧，急忙请德医悌普耳来诊，才知道不过是出疹子。第二天他到教育部，很高兴地对我详述了悌医生到来之迟，和他的诊断之速，并且说："起孟原来这么大了，竟还没有出过疹子。"他揹写沛君在夜的寂静中，翘望着医生的到来，因而注意每辆汽车的汽笛的呼啸声：

  ……忽而远远地有汽车的汽笛发响了，使他的心立刻紧张起来，听它渐近，渐近，大概正到门口，要停下了罢，可是立刻听出，驶过去了。这样的许多回，他知道了汽笛声的各样：有如吹哨子的，有如击鼓的，有如放屁的，有如狗叫的，有如鸭叫的，有如牛吼的，有如母鸡惊啼的，有如鸣咽的……他忽而怨愤自己：为什么早不留心，知道，那普大夫的汽笛是怎样的声音的呢？

他因是自己身历其境的事实，所以能够写得这样曲折和亲切。此外，描写那凌乱的思绪，以及那一段惝恍迷离的梦境，乃是上文所述的（一）"生发开去"，出于虚造，并非实情。然而虚造得也很自然，人们经过了紧张，愁苦，劳瘁之后，会起种种幻想，夜里睡了，他的下意识会突然地显露出来，做场噩梦：这都是常有的心理作用。

而且，这一段梦境的描写，也就是一种上文所述（二）的"暴露"：鲁迅在沛君的身上，发掘下意识的另一面貌，把它暴露出来。加以秦益堂家中的兄弟相打，中医白问山的诊断含糊，这些也都是揭发旧社会的病根。虽说是陪衬之笔，却使作品更觉得丰腴有味。

说到这里，现在要将鲁迅对于兄弟作人的友爱情形，略略提明，依《鲁迅年谱》，在一九二三年，八月迁居砖塔胡同之前，他们两个人真是"兄弟怡怡"。鲁迅在东京不是好好地正在研究文艺，计划这样，计划那样吗？为什么要"归国，任浙江两级师范学堂生理学化学教员"呢（一九〇九年）？这因为作人那时在立教大学还未毕业，却已经和羽太信子结了婚，费用不够了，必须由阿哥资助，所以鲁迅只得自己牺牲了研究，回国来做事。鲁迅在《自传》中，所谓"终于，因为我的母亲和几个别的人很希望我有经济上的帮助，我便回到中国来……""几个别人"者，作人和羽太信子也。即此一端，可知鲁迅之如何以利让弟！又鲁迅留心乡邦的文献，"辑成《会稽郡故书杂集》一册，用二弟作人

名印行"（一九一五年）是为什么呢？搜辑古小说逸文，成
《古小说钩沉》十本，原也想用作人的名字刊行，又为什么
呢？为的自己不求闻达，即此可知鲁迅之如何以名让弟！名
和利都可以让给兄弟，我们就容易明了那《弟兄》里的一句
赞叹沛君的话："真是少有的，他们两个人就像一个人。"这
是真实，并不是讽刺。

所以沛君的性格是不坏的。有人以为他和《肥皂》的四
铭，《高老夫子》的主人公高尔础差不多，其实是大不然。
他既不像四铭的阴险腐臭，恶骂青年，以致四太太对他也有
诛心之论，也不像高老夫子的丑恶卑鄙，种种矫饰，带着流
氓的气息。沛君的生活就是鲁迅自己生活的一面。所写的环
境，如公益局办公室里缺口的唾壶，折足的破躺椅，以及满
室的水烟的烟雾，都是北京教育部社会教育司第一科里的实
在情形。同兴公寓就是绍兴会馆的改写，同寓者的看戏，打
茶围也是事实。普悌思大夫就是悌普耳，东城的美亚药房就
是利亚药房，悌大夫所指定的。不仅此也，连描写靖甫的一
言一动，如问"信么？"如"靖甫伸手要过书去，但只将书
面一看，书脊上的金字一摹，便放在枕边，默默地合上眼睛
了……"等等，也都是作人的面影。所以这篇小说的材料，
大半属于回忆的成分，很可以用回忆文体来表现的，然而作
者那时别有伤感，不愿做回忆的文，便做成这样的小说了。
这篇小说里含讽刺的成分少，而抒情的成分多，就是因为有
作者本身亲历的事实在内的缘故。

　　临了，还有一点要顺便声明的：刚才说到《鲁迅年谱》，这虽由我署名编次，其实执笔并非一人，景宋有一篇《〈鲁迅年谱〉的经过》，登在《宇宙风》乙刊第二十九期，已经说得很明白。我所主编的一部分，因为时间匆促，草草脱稿，的确过于简略，疏漏之处太多。即如上面所说的《古小说钩沉》，这书搜辑的年月，谱中未曾提明，自己觉得非常不安，将来得有机会，定要把它增订一番。

一九四二年十月十七日

《鲁迅旧体诗集》*序

鲁迅先生逝世之次年春，魏建功先生愿手写遗诗以备木刻，余因函托景宋夫人搜集。旋得复书，附来手抄一卷，皆日记中所载及拙著《怀旧》文中所引者，约计四十首，余即转致建功矣。景宋复书有云："迅师于古诗文，虽工而不喜作。偶有所作，系应友朋要请，或抒一时性情，随书随弃，不自爱惜，生尝以珍藏请，辄遭晒笑。"斯言诚确。鲁迅之旧诗，多半为有索书者而作，例如《自嘲》一首是书赠柳亚子先生者，《所闻》一首书赠内山夫人者，《亥年残秋偶作》书赠余者，又诗集第一首《自题小像》，亦赠余者。诗虽不多，然其意境声调，俱极深闳，称心而言，别具风格。

鲁迅旧诗之特色，约略举之，可得数端：（一）使用口语，极其自然，例如《剥崔颢〈黄鹤楼〉诗》之"阔

---

* 此书后来未印行。

人""专车""前门站""晦气重重",《古董》诗之"头儿""面子",《二十二年元旦》诗之"到底""租界""打牌",《自嘲》诗之"碰头""管它"等皆是。(二)解放诗韵,不受拘束,例如《赠邬其山》(案邬其山即内山完造)之华书多陀为韵,《报载患脑炎戏作》之心冰为韵,盖依古时歌麻合韵,麻鱼通韵而作律诗,可称奇特。至蒸侵通用,亦可谓"古已有之",《诗·大雅·大明》七章,即以林兴合韵者。(三)采取异域典故,例如《自题小像》之"神矢",想系借用罗马神话库必特(Cupid)爱矢之故事,亦犹骈体文中"思士陵天,骄阳毁其羽翮"(《集外集·〈淑姿的信〉序》)乃引用希腊神话伊凯鲁斯(Icarus)冒险失败之故事也。(四)讽刺文坛阙失,例如《教授杂咏》第二首之"乌鹊疑不来,迢迢牛奶路",是指斥英文天河(Milky Way)译为牛奶路之错误。《新秋》诗两句"野菊性官下,鸣蛩在悬肘",此由其自己新诗:"野菊的生殖器下面,蟋蟀在吊膀子。"自己翻译而得者,一面嘲文人悲秋之为无病呻吟,一面刺古雅文言之实在难以索解。其他优点尚多,兹不备述。

自余以景宋钞本转致建功后,不数月而抗日军兴,友朋四散,建功亦奔走南北,不遑宁居,其手书木刻尚未出版。今得非杞先生广事搜集,用力至勤,共计五十有二首,付之活字,凡爱读鲁迅诗者固以先睹为快者也。

一九四四年五四纪念日

《鲁迅旧体诗集》跋

　　非杞先生编集亡友鲁迅先生旧诗，用力甚勤，共得五十二首付之活字行世，屡序于余，余即为之序矣。今请尹默先生手书一卷，以为珍藏，复属为跋，亦何敢辞，序跋二文，详略互见，语有重复，则不及计也。

　　鲁迅是诗人，不但所著散文诗《野草》内含哲理，用意深邃，幽默与讽刺随处可见，即其短评集十余册，亦几乎篇篇是诗，短兵相接，毫无铺排，而且中有我在。至于旧诗，乃其余事，偶尔为之，不自爱惜，然其意境声调，无不讲究，称心而言，别具风格，余在序文中，举其特色为：一使用口语，二解放诗韵，三采取异域典故，四讽刺文坛阙失。诗钞第一首《自题小像》是其二十三岁时赠余者。其逝世后，拙作《怀旧》文中首先予以发表，首句之神矢，盖借用罗马神话爱神之故事，即异域典故。全首写留学异邦所受刺激之深，遥望故国风雨飘摇之感，以及同胞如醉，不胜寂寞之感，末句则直抒怀抱，是其毕生实践之誓言。至于最末一首《亥年残秋偶作》系为余索书而书者，余亦在《怀旧》中首先发表。此诗哀民生之憔悴，状心事之浩茫，感慨百端，俯视一切，栖身无地，苦斗益坚，于悲凉孤寂中，寓熹微之希望焉。

　　据上所陈，此卷遗诗，其首尾两首皆与余有关系。呜呼！追念昔游，犹在心目，而风流顿尽，曷胜泫然！

　　　　　　　　　　一九四四年五四纪念日许寿裳敬题

回忆鲁迅

鲁迅先生是我的畏友．他的学问道德，"吾无间然"。自一九〇二年在东京开始相识，至一九三六年他逝世为止，我们时常见面，经过了三十五年间的交谊。今年当他逝世八周年纪念，略写一点回忆如下：

一　改造社会思想的伟大

一九〇二年我和鲁迅同在东京弘文学院预备日语，却是不同班，也不同自修室，他首先来看我，初见时谈些什么，现在已经记不清了。有一天，谈到历史上中国人的生命太不值钱，尤其是做异族奴隶的时候，我们相对凄然。从此以后，我们就更加接近，见面时每每谈中国民族性的缺点。因为身在异国，刺激多端，……我们又常常谈着三个相连的问题：（一）怎样才是理想的人性？（二）中国民族中最缺乏的是什么？（三）它的病根何在？对于（一），因为古今中外哲人所孜孜追求的，其说浩瀚，我们尽善而从，并不多说。对于（二）的探索，当时我们觉得我们民族最缺乏的东西是诚和爱，——换句话说：便是深中了诈伪无耻和猜疑相贼的毛病。口号只管很好听，标语和宣言只管很好看，书本上只管说得冠冕堂皇，天花乱坠，但按之实际，却完全不是这回事。至于（三）的症结，当然要在历史上去探究，因缘虽多，而两次奴于异族，认为是最大最深的病根。做奴隶的人还有什么地方可以说诚说爱呢？……唯一的救济方法是革命。我们两人聚谈每每忘了时刻。我从此就佩服他的理想之高超，着眼点之远大。他后来所以决心学医以及毅然弃医而学文学，都是由此出发的。我爱读他的那篇小说《兔和猫》（《呐喊》），因为两条小生命（兔）失踪了，生物史上不着一点痕迹，推论开去，说到槐树下的鸽子毛呀，路上轧死的小狗呀，夏夜苍蝇的吱吱的叫声呀，于是归结到造物实在将生命造得太滥了，毁得太滥了。这里，我认为很可以看出他的思想的伟大。

二　事物价值判断的正确

鲁迅学医的动机有好几个，据他自己说，第一，恨得中医耽误了他的父亲的病；第二，确知日本明治维新是大半发端于西医的事实。但是据我所知，还有第三个：救济中国女子的小脚；又据孙伏园先生说，还有第四个：由于少年时代牙痛的难受。这也是确的，不是他那篇《从胡须说到牙齿》（《坟》）里便提到这件故事吗？鲁迅当初学矿，后来学医，对于说明科学（相当于自然科学），如地质学、矿物学、化学、物理学、生理学、解剖学、病理学、细菌学，自然是根底很厚。不但此也，他对于规范科学也研究极深。他在医学校里不是伦理学的成绩得了最优等吗？这一点，我觉得大可注意的。他的口里虽然不讲什么道德，而于善恶是非之辨，却是最致力的。唯其如此，他对于一切事物，客观方面既能说明事实之所以然，主观方面又能判断其价值之所在。以之运用于创作，每有双管齐下之妙。举例来说：他利用了医学的知识写《狂人日记》，而归结善恶是非的判断，他道："有了四千年吃人履历的我，当初虽然不知道，现在明白，难见真的人！"这不是对于规范科学素有修养，明白了真善美的价值判断，哪里能够到这地步呢？我们要知人论世，要驳倒别人而自立于不败之地，都非有这种修养不可。鲁迅有了这种修养，所以无论在谈话上或写作上，他都不肯形容过火，也不肯捏造新奇。处处以事实做根据，而又加以价值的判断，并不仅仅以文艺技巧见长而已。

三　读书趣味的浓厚

鲁迅在东京研究文艺的时候，兼从章太炎师习文字学，从俄国革命党习俄文，又在外国语学校习德文，我都和他在一起。他生平极少游览，留东七年，我记得只有两次和他一同观赏上野的樱花，还是为了到南江堂买书之便。其余便是同访神田一带的旧书铺，同登银座丸善书店的书楼。他读书的趣味很浓厚，决不像多数人的专看教科书；购书的方面也很广，每从书店归来，钱袋空空，相对苦笑，说一声"又穷落了"！这种由于爱好而读书，丝毫没有名利之念。我们试读《而已集·读书杂谈》，他劝学生"看看本分以外的书，即课外的书，不要只将课内的书抱住"。又在《小约翰·引言》中，他描写旧书铺的掌柜，仿佛是据网的蜘蛛，专待飞虫，自述"逡巡而入，去看一通，到底是买几本，弄得很觉得怀里有些空虚"。以后在杭州教书之暇，喜欢采集和研究植物标本，北京办公之暇，又喜欢搜集和研究古碑拓片等等。

以上三点，是鲁迅特长的一部分。此外，长处尚多，兹姑从略。

另说一点他的逸事罢。他从仙台回东京，中途下车去瞻仰凭吊朱舜水遗迹的故事，我在序王冶秋先生所著《民元前的鲁迅先生》文中已经说过，此处不拟复述。有一次，他从东京出发往仙台，付了人力车资，买了火车票之后，囊中只剩银币两角和铜板两枚了。因为火车一夜就到，他的学费公使馆已经直寄学校留交了，他便大胆买了两角钱的香烟塞在衣袋里，粮草既足，扬长登车。不料车到某站，许多乘客一拥而上，车中已无座位，鲁迅看见有一个老妇人上来，便照例起立让座。这位妇人因此感激，谢了又谢，从此开始攀谈，并且送给他一大包咸煎饼。他大嚼一通，便觉得有点口渴，到了一站，便唤买茶，但是立刻记起囊中的情形了，只好对卖茶人支吾一声而止。可是已经被老妇人听见，以为他是赶不及买，所以一到第二站，她急忙代为唤茶，鲁迅只好推说现在不要了。于是由她买了一壶送给他，他就毫不客气，一饮而尽。鲁迅做事，不论大小，总带一点不加瞻顾，勇往直前的意味。

再来一个罢。一九一八年，我在南昌，不幸有"臼炊之梦"。鲁迅远道寄信来慰唁，大意是说嫂夫人初到南昌，便闻噩耗，世兄们固然不幸，但我以为儿童们倘有慈母，或是幸福，然若幼而失母，却也并非完全的不幸，他们也许倒成为更加勇猛，更无挂碍的人。其言极有理致，但是也只有鲁迅能够写出这样措辞的唁信。

一九四四年十月

鲁迅的几封信

我保存着鲁迅给我的书札，为数颇不少。可惜最早的一部分，就是他在仙台学医时所寄给我的，以及后来我在南昌时所收到的信，早已不知去向了。此后的来信大概还都无恙，不过远在北平，装封在书箱里，一时无从整理。除了在《鲁迅书简》上照印过一九二三年十二月的一通，又在拙著《怀亡友鲁迅》里引用过几句以外，从来未曾发表。现在只就手头所有的四封短信，抄录出来，略加说明如下：

一 一九二七年广州来信

季市兄：

十九日信已到，现校中只缺豫科教授，大家俱愿以此微职相屈，望兄不弃，束装即来。所教何事，今尚未定，总之都甚容易，又须兼教本科二三小时，月薪为二百四十，合大洋约二百上下，以到校之月起算，甚望于二月（阳历）间到校，可以玩数天，开学则三月二日也。

此间生活费颇贵，然一人月用小洋百元足够，食物虽较贵而质料殊佳；惟房租贵，三小间约月需二十元上下。弟现住校中，来访者太多，殊不便，将来或须赁屋，亦未可知。

信到后乞即示行期。又如坐太古船，则"四川"，"新宁""苏州"等凡以 S 起头者皆较佳。"唐餐楼"每人约二十五六元。

来信仍寄校中。

迅上　一月二十九夜

二　同上

季市兄：

昨刚发寄信绍沪，今晨得二十三日来信，俱悉。兄之聘书，已在我处，六豫科教授，月薪二百四十元，合大洋不过二百上下。此间生活费，有百元足矣，不至于苦。

至于所教功课，现尚无从说起，因为一切尚无头绪。总之此校的程度是并不高深的，似乎无须怎样大豫备。

开学是三月二日，但望兄见信即来，可以较为从容，谈谈。所教功课，也许在本科也有几点钟。

校中要我做文科主任，我尚未答应。

从沪开来的轮船，太古公司者，"苏州"，"新宁"，"四川"等凡以Ｓ起首者最好。听说"苏州"尤佳。我坐的是"唐餐楼"（胜于官舱），价二十五元左右。

余面谈。

迅上　正月三十一日

案这两封信是鲁迅初到广州中山大学给我的。虽寥寥数语，意思却是很恳切周到。我那时不愿再困居北京，从上年十一月至天津，小住数日，遵海而南，至上海嘉兴又小住数日，至杭州晤老友公洽（时为浙江省长），他聘我做参议，我就答应，聊蔽风雨。那时国民革命军节节胜利，势如破竹，我当面询问公洽："浙江何时独立？"他答道，某军现到何处，某地兵力只有若干，"和此地还未能呼应，独立尚非其时。……"然而孙传芳张宗昌吃人的军队已经猖獗而来了。我便赶快和先仲兄（仲兄适由绍兴来杭，是日冬至）毁弃证件，束装而走。沿路受这些狰狞的军人检查，倾箱倒箧，搜及衣服，直至上钱塘江渡船始得喘息。是夜寒甚无风，月色如画，舟过钱塘江，万顷空明，胸襟大畅。一路山水奇秀，而又得此佳月，足使白天所受的闷气，荡涤无余。
我还乡数日，又复出门，一面写信给鲁迅，告以近状，鲁迅
因此有回信如上。

三　一九三四年上海来信

季市兄：

《嘉业堂书目》早收到。日来连去两次，门牌已改
为八九九号，门不肯开，内有中国巡捕，白俄镖师，问
以书，则或云售完，或云停售，或云管事者不在，不知
是真情，抑系仆役怕烦，口拒绝也。但要之，无法可
得。兄曾经买过刘氏所刻书籍否？倘曾买过，如何得
之，便中希示及。

此布，即颂

曼福。

弟令飞顿首　五月八夜

案嘉业堂主人刘承干是世家子弟，南浔富绅，刻书不
少，尤其是关于明季遗老的著述，所可怪的是他本人身为民
国国民而颇有前清遗老的气息。我不曾亲到嘉业堂购书，所
以不知其难购。鲁迅还有一段文字如下：

……但是到嘉业堂去买书，可真难。我还记得，今年春天的一个下午，好容易在爱文义路找着了，两扇大铁门，叩了几下，门上开了一个小方洞，里面有中国门房，中国巡捕，白俄镖师各一位。巡捕问我来干什么的。我说买书。他说账房出去了，没有人管，明天再来罢。我告诉他我住得远，可能给我等一会呢？他说，不成！同时也堵住了那个小方洞。过了两天，我又去了，改在上午，以为此时账房也许不至于出去。但这回所得回答却更其绝望，巡捕曰："书都没有了！卖完了！不卖了！"

我就没有第三次再去买，因为实在回复的斩钉截铁。现在所有的几种，是托朋友去辗转买来的，好象必须是熟人或走熟的书店，这才买得到。(《且介亭杂文·病后杂谈（三）》)

四　同上

季市兄：

廿二日信奉到。师曾画照片，虽未取来，却已照成，约一尺余，不复能改矣。

有周子竞先生名仁，兄识其人否？因我们拟印《陈老莲插画集》，而《博古叶子》无佳本，蟫隐庐有石印本，然其底本甚劣。郑君振铎言曾见周先生藏有此画原刻，极想设法借照，郑亘处理，负责归还。兄如识周先生，能为一商洽否？

此布。即颂曼福不尽。

弟索士顿首　六月二十四日

案师曾是亡友陈衡恪的别号。他的书法、绘画、刻印三者俱佳绝。他生平送给我好几张画，因为老友经子渊（亦已去世）要看看，打算选印师曾画集，我便用照相邮寄给他。

陈老莲名洪绶，字章侯，浙江诸暨人，是明末的民族艺术家。自幼慧悟，艺擅天才而又孜孜力学。游钱塘，闻蓝瑛工写生，请受傅染之法。蓝自以为不及，曰："章侯之画，出于天授。"然章侯犹以为未足，就杭州府学拓取宋李龙眠的《七十二名贤》石刻，闭户临摹者十日，出以示人，问之，皆曰"似"。章侯稍喜。退而复抚十日，再问之，皆曰"无似处"。乃大喜，曰："弎临摹多次，渐变其法，以圆易方，以整归散，以至人不得辨。"崇祯年间，入京师，召赴内廷，临《历代帝王图》，因得纵观内廷所藏书画，艺更大进。这《博古叶子》是他晚年的作品，说是略取其意于此，盖由模拟而进于创造者。总之章侯之画，以人物为最工，其笔法之渊静，气局之高旷，躯干之伟岸，衣纹之圆劲，识者谓三百年来无此笔墨。鲁迅特别爱好，所以愿为印插图集，但似乎没有印成功。

　　以上四封信，为什么单独在身边呢？这因为一九三七年九月，我将由嘉兴动身往西安了，嘉兴已经常常受敌机轰炸，我劝妻快快避地绍兴，而她犹恋恋不去，我茫然地虑得此屋行将不保，然而身外长物无法可想。偶尔收拾我的书桌抽屉，无意中看到这四封躺在杂纸捆，于是捡起，归入我的行箧——行箧中除一本日记外，只是日用衣服，别无书籍。果然，我走了以后，嘉兴天天被炸，妻子和亲戚们都是在夜间暗中各提一个小箧逃出的。跟着上海就撤守了。嘉兴同时沦陷了，我家和亲戚家的房屋什物统统变成劫灰了。只有这四封书居然及早携出，能够不随例化为烟尘，可为大幸！

　　　　　　　　　　　　　　　一九四五年十月十五日

鲁迅与民族性研究

　　鲁迅对于我们民族有伟大的爱，所以对于我们民族，由历史上，社会上各方面研究得极深。他在青年留学时期，就已经致力于民族性的检讨过去和追求将来这种艰巨的工作了，从此抉发病根毫无顾忌，所呼吁异常迫切，要皆出于至诚，即使遭了一部分讳疾忌医者的反感也在所不计。正唯其爱民族越加深至，故其观察越加精密，而暴露症结也越加详尽，毫不留情。他的舍弃医学，改习文艺，不做成一位诊治肉体诸病的医师，却做成了一位针砭民族性的国手。他的创作和翻译约共六百万字，便是他针砭民族性所开的方剂。

　　他常常劝人多看历史，尤其看野史杂记，有云：

　　　　我们从古以来，就有埋头苦干的人，有拼命硬干的人，有为民请命的人，有舍身求法的人，……虽是等于为帝王将相作家谱的所谓"正史"，也往往掩不住他们

的光耀，这就是中国的脊梁。(《且介亭杂文·中国人失掉自信力了吗》)

他又云：

> 历史上都写着中国的灵魂，指示着将来的命运，只因为涂饰太厚，废话太多，所以很不容易察出底细来。正如通过密叶投射在莓苔上面的月光，只看见点点的碎影。但如看野史和杂记，可更容易了然了，……(《华盖集·忽然想到（四）》)

他又劝人要正视社会的各方面，勿害怕，勿遮盖，有云：

> 中国人的不敢正视各方面，用瞒和骗，造出奇妙的逃路来，而自以为正路。在这路上，就证明着国民性的怯弱，懒惰，而又巧滑。一天一天的满足着，即一天一天的堕落着，但却又觉得日见其光荣。(《坟·论睁了眼看》)

他又指示民族性研究的多方面，旧中国特产的毛病实在不少，因之可以研究的方面也实在不少。例如评论日本安冈秀夫《从小说看来的支那民族性》一书，结束有云：

中国人总不肯研究自己。从小说来看民族性，也就是一个好题目。此外，则道士思想（不是道教，是方士）与历史上大事件的关系，在现今社会上的势力；孔教徒怎样使"圣道"变得和自己的无所不为相宜；战国游士说动人主的所谓"利""害"是怎样的，和现今的政客有无不同；中国从古到今有多少文字狱；历来"流言"的制造散布法和效验等等……可以研究的新方面实在多。(《华盖集续编·马上支日记（七月四日）》)

他更坚决主张民族性必须改造，否则招牌虽换，货色照旧，口号虽新，骨子不改，革命必无成功之一日。真革命家只有前进，义无反顾的，有云：

说到中国的改革，第一着自然是扫荡废物，以造成一个使新生命得能诞生的机运。五四运动，本也是这机运的开端罢，可惜来摧折它的很不少。那事后的批评，本国人大抵不冷不热地，或者胡乱地说一通，外国人当初倒颇以为有意义，然而也有攻击的，据云是不顾及国民性和历史，所以无价值。这和中国多数的胡说大致相同，因为他们自身都不是改革者。岂不是改革么？历史是过去的陈迹，国民性可改造于将来，在改革者的眼里，已往和目前的东西是全等于无物的。(《出了象牙之塔·后记》)

以上是说国民性之必须经过改造。鲁迅在创作里面，暴露社会的黑暗，鞭策旧中国病态的国民性，实在很多。例如有名的《阿Q正传》是一篇讽刺小说。鲁迅提炼了中国民族传统中的病态方面，创造出这个阿Q典型。阿Q的劣性，仿佛就代表国民性的若干面，俱足以使人反省。鲁迅对于阿Q的劣性如"精神胜利法"等等，固然寄以憎恶，然而对于另外那些阿Q如赵太爷之流，更加满怀敌意，毫不宽恕。他利用了阿Q以诅咒旧社会，利用了阿Q以衬托士大夫中的阿Q，而回头看一向被赵太爷之流残害榨取，以致赤贫如洗，无复人形的阿Q本身，反而起了同情。但是为整个民族的前途着想，要荡涤旧污，创造出"中国历史上未曾有过的第三样时代"（从前只有两样时代：一、想做奴隶而不得的时代；二、暂时做稳了奴隶的时代。——见《坟·灯下漫笔》），阿Q的劣性必须首先铲除净尽，所以非彻底革命不可。

此外，鲁迅描写我们民族性的伟大，可以代表我们民族文化的结晶，在《故事新编》中，便有好几篇，如《铸剑》，取材于古小说《列异传》：

> 干将莫邪为楚王作剑，三年而成。剑有雄雌，天下名器也，乃以雌剑献君，藏其雄者。谓其妻曰："吾藏剑在南山之阴，北山之阳；松生石上，剑在其中矣。君若觉杀我。尔生男，以告之。"及至君觉，杀干

将。妻后生男，名赤鼻，告之。赤鼻斫南山之松，不得
剑；忽于屋柱中得之。楚王梦一人，眉广三寸，辞欲报
仇。购求甚急，乃逃朱兴山中。遇客，欲为之报；乃
刎首，将以奉楚王。客令镬煮之，头三日三夜跳不烂。
王往观之，客以雄剑悮拟王，王头堕镬中；客又自刎。
三头悉烂，不可分别，分葬之，名曰三王冢。《御览》
三百四十三（《古小说钩沉》）。

从这短短的几行文字，鲁迅演出了一大篇虎掷龙拿，有
声有色，最富于复仇战斗精神的小说，使人们读了，看到英
姿活跃，恍如亲接其人。

又如《理水》《非攻》，鲁迅在描写大禹、墨子伟大的
精神的时候，不知不觉地有他自己的面影和性格反映于其
中。……鲁迅生平真真是一个埋头苦干、拼命硬干的人，不
愧为中国的脊梁！

一九四五年十月十九日

鲁迅的精神

　　抗战到底是鲁迅毕生的精神。他常常说："在青年，须是有不平而不悲观，常抗战而亦自卫……"（《两地书（四）》）又说："血债必须用同物偿还。拖欠得越久，就要付更大的利息！"（《华盖集续编·无花的蔷薇之二》）又说："富有反抗性，蕴有力量的民族，因为叫苦没用，他便觉悟起来，由哀音而变为怒吼。……他要反抗，他要复仇。"（《而已集·革命时代的文学》）又在抗日战争开始的前一年，他临死时，还说："因为现在中国最大的问题，人人所共的问题，是民族生存的问题。……中国的唯一的出路，是全国一致对日的民族革命战争。"（《且介亭杂文末编·论现在我们的文学运动》）到现今，抗战胜利后一年，他的逝世已经十周年了，台湾文化协进会来信征文，指定的题目是《鲁迅的精神》，觉得义不容辞，便写出下面的几点意见。

　　鲁迅作品的精神，一句话说，便是战斗精神，这是为大众而战，是有计划的韧战，一口咬住不放的。这种精神洋溢在他的创作中。他的创作可分为二类：一是小说，即《呐喊》、《彷徨》、《故事新编》（历史小说）、《野草》（散文诗）、《朝花夕拾》（回忆文）等。二是短评及杂文，即《坟》（一部分）、《热风》、《华盖集》和《华盖集续编》、《而已集》《三闲集》、《二心集》、《伪自由书》、《南腔北调集》、《准风月谈》、《花边文学》、《且介亭杂文》（共三集）、《集外集》和《集外集拾遗》（一部分）等。

鲁迅的小说，抨击旧礼教，暴露社会的黑暗，鞭策旧中国病态的国民性，对劳苦大众的同情是其特点。例如《阿Q正传》（《呐喊》）是一篇讽刺小说，鲁迅提炼了中国民族传统中的病态方面，创造出这个阿Q典型。阿Q的劣性，仿佛就代表国民性的若干面，足以使人反省，他对于阿Q的劣性像"精神胜利法"等等，当然寄以憎恶，施以攻击，然而憎恶攻击之中，还含着同情。因为阿Q本身是一个无知无告的人，承受了数千年封建制度的压迫，一直被士大夫赵太爷之流残害榨取，以致赤贫如洗，无复人形。鲁迅对于那些阿Q像赵太爷之流，更加满怀敌意，毫不宽恕。他利用了阿Q以诅咒旧社会，利用了阿Q以衬托士大夫中的阿Q以及人世的冷酷，而对于阿Q的偶露天真，反觉有点可爱了。又如《祝福》（《彷徨》），描写一个旧社会中的女性牺牲者，极其深刻，使知人世的惨事，不惨在狼吃阿毛，而惨在礼教吃祥林嫂。攻击的力量是何等威猛！又如《故事新编》

中的《铸剑》，取材于《列异传》(《古小说钩沉》)，是一篇最富于复仇精神和战斗精神的小说，表现得虎掷龙拿，有声有色，英姿活跃，可以使人们看了奋然而起，此外，如《理水》《非攻》，在描写大禹，墨子的伟大的精神中，有他自己的面影存在。至于《野草》，可说是鲁迅的哲学。其中，《死火》乃其冷藏情热的象征;《复仇》乃其誓尝惨苦的模范;《过客》和《这样的战士》，更显然作长期抗战的预告呢！

鲁迅的短评及杂文，以锋利深刻明快之笔，反映社会政治的日常事变，攻击一切黑暗的势力，指示着光明社会的道路——这特殊的战斗文体，是鲁迅所发明的，贡献于中国新文学至为宝贵。分量之多，占其创作的大部分。任举一例，如《论雷峰塔的倒掉》(《坟》)，运用了妇孺皆知的传说白蛇姑娘和法海和尚，指出压迫制度的不会长久，而压迫者法海和尚的躲入蟹壳不能出头，倒是永远的，这样巧妙的艺术，使读者不能不俯于真理之前（参阅茅盾著《研究和学习鲁迅》)。

鲁迅的战斗精神，分析起来，实在方面很多，有道德的，有科学的，有艺术的等等，现在略说如下。

一　**道德的**　鲁迅表面上并不讲道德，而其人格的修养首重道德，因之他的创作，即以其仁爱为核心的人格的表现。例如《兔和猫》(《呐喊》)因为两个小白兔忽然失踪了，接着有一大串的话：

但自此之后，我总觉得凄凉。夜半在灯下坐着想，那两条小性命，竟是人不知鬼不觉的早在不知什么时候丧失了，生物史上不着一些痕迹，并S也不叫一声。我于是记起旧事来，先前我住在会馆里，清早起身，只见大槐树下一片散乱的鸽子毛，这明明是膏于鹰吻的了，上午长班来一打扫，更什么都不见，谁知道曾有一个生命断送在这里呢？我又曾路过西四牌楼，看见一匹小狗被马车轧得快死，待回来时，什么也不见了，搬掉了罢。过往行人憧憧的走着，谁知道曾有一个生命断送在这里呢？夏夜，窗外面，常听到苍蝇的悠长的吱吱的叫声，这一定是给蝇虎咬住了，然而我向来无所容心于其间，而别人并且不听到……

正义也是仁爱的一面，鲁迅的创作也重正义的表现。例如《论"费厄泼赖"应该缓行》(《坟》)，说革命先烈不主张除恶务尽，徒使恶人得以伺机反噬，"……咬死了许多革命人，中国又一天一天沉入黑暗里，……这就因为先烈的好心，对于鬼蜮的慈悲，使它们繁殖起来，而此后的明白青年，为反抗黑暗计，也就要花费更多的气力和生命"。这样摘发纵恶当作宽容，一味姑息下去的祸患，真是"义形于色"。

二　**科学的**　鲁迅深慨多数国民之缺乏科学的修养，以致是非不明，善恶颠倒，所以他的创作中竭力提倡真正的科学。现在引几节于下，以见一斑：

现在有一班好讲鬼话的人，最恨科学，因为科学能教道理明白，能教人思路清楚，不许鬼混，所以自然而然的成了讲鬼话的人的对头。……据我看来，要救治这"几至国亡种灭"的中国，那种"孔圣人张天师传言由山东来"的方法，是全不对症的，只有这鬼话的对头的科学！——不是皮毛的真正科学！（《热风·随感录三十三》）

……到别国已在人工造雨的时候，我们却还是拜蛇，迎神。（《花边文学·汉字和拉丁化》）

鲁迅又为青年的读物计，提倡通俗的科学杂志，他说：

单为在校的青年计，可看的书报实在太缺乏了，我觉得至少还该有一种通俗的科学杂志，要浅显而且有趣的。可惜中国现在的科学家不大做文章，有做的，也过于高深，于是就很枯燥。现在要 Brehm 的讲动物生活，Fabre 的讲昆虫故事似的有趣，并且插许多图画的；但这非有一个大书店担任即不能印。至于作文者，我以为只要科学家肯放低手眼，再看看文艺书，就够了。（《华盖集·通讯（二）》）

三 艺术的 鲁迅鉴于国民趣味的低下，所以他的创作中，竭力提倡艺术，有云：

> 美术家固然须有精熟的技工，但尤须有进步的思想
> 与高尚的人格。他的制作，表面上是一张画或一个雕
> 像，其实是他的思想与人格的表现。令我们看了，不但
> 欢喜赏玩，尤能发生感动，造成精神上的影响。
>
> 我们所要求的美术家，是能引路的先觉，不是"公
> 民团"的首领。我们所要求的美术品，是表记中国民族
> 知能最高点的标本，不是水平线以下的思想的平均分
> 数。(《热风·随感录四十三》)

鲁迅倡导艺术，其实际上的工作范围也很广。一、搜
集并印行中国近代的木刻。二、介绍外国进步作家的版画。
三、奖掖中国青年木刻家。总之，鲁迅熟于中国艺术史，明
其何者当取，何者当舍，又博采外国的良规，其目的在创
造新时代的民族艺术。他曾用了卢那卡尔斯基的话："一切
有生命的，真正地美的艺术，在其本质上都是斗争的。倘
若它不是斗争的，倘若它是疲倦的，没有喜悦的，颓废的，
那么我们要把它当作疾病，当作这个或别个阶级底生活上
的解体和衰灭底 monument 反映，把它否定了。"来鼓励青
年艺术家，使中国的艺术，尤其是木刻能够欣欣向荣。他
最后精印了《凯绥·珂勒惠支版画选集》，引用了德国霍普
德曼（Gerhart Hauptmann）和法国罗曼·罗兰（Romain

Rolland）的话如下：

　　……一九二七年为她的六十岁纪念，霍普德曼那时还是一个战斗的作家，给她书简道："你的无声的描线，侵人心髓，如一种惨苦的呼声：希腊和罗马时候都没有听到过的呼声。"法国罗曼·罗兰则说："凯绥·珂勒惠支的作品是现代德国的最伟大的诗歌，它照出穷人与平民的困苦和悲痛。这有丈夫气概的妇人，用了阴郁和纤秾的同情，把这些收在她的眼中，她的慈母的腕里了。这是做了牺牲的人民的沉默的声音。"（《且介亭杂文末编·〈凯绥·珂勒惠支版画选集〉序目》）

　　凯绥·珂勒惠支的作品实在伟大，鲁迅精印的选集实可宝贵，他说："只要一翻这集子，就知道她以深广的慈母之爱，为一切被侮辱和损害者悲哀，抗议，愤怒，斗争；所取的题材大抵是困苦，饥饿，流离，疾病，死亡，然而也有呼号，挣扎，联合和奋起。"（见同上）

　　其他方面尚多，姑且从略。总之，鲁迅为反对不真，不善，不美丽毕生努力奋斗，以期臻于真善美的境界，虽遭过种种压迫和艰困，至死不屈。《摩罗诗力说》所云："……不为顺世和乐之音，动吭一呼，闻者兴起，争天拒俗，而精神复深感后世人心，绵延至于无已。"这话可以移用，作为鲁迅的战斗精神的写照！

鲁迅的创作，国际间多有译本，苏联翻译尤盛，日本在战前已经出版了《大鲁迅全集》共七大册。

蔡元培先生序《鲁迅全集》，有云："他的感想之丰富，观察之深刻，意境之隽永，字句之正确，他人所苦思力索而不易得当的，他就很自然的写出来，这是何等天才！又是何等学力！"又云："综观鲁迅先生全集，虽亦有几种工作，与越缦先生相类似的；但方面较多，蹊径独辟，为后学开示无数法门，所以鄙人敢以新文学开山目之。"蔡先生这话是的确的。

一九四六年九月三十日

鲁迅和青年

　　鲁迅是青年的导师，五四运动的骁将，中国新文艺的开山者。他的丰功伟绩，到今日几乎有口皆碑，不必多说了。但是他自己并不承认是青年的导师，正唯其如此，所以为青年们所信服，他的著述为青年们所爱诵。他说导师是无用的，要青年自己联合起来，向前迈进。他的爱护青年，奖掖青年，并不仅对个人，而是为整个民族，因为一切希望不能不寄托在青年。他看到旧习惯的积重难改，新文化的徒有虚名，只嫌自己力量不够，不能不寄希望于第二代国民，即使他们有态度不当的，他总是忍耐着；他们有思想错误的，他也从不灰心，一生孜孜为社会服务。景宋说得好："辛勤的农夫，会因为孺子弃饭满地而不耕作的吗？先生就是这样的。"他又指示着青年生存的重点，生命的道路，而且主张国民性必须改革。

　　鲁迅在那篇《导师》(《华盖集》) 上说：

近来很通行说青年；开口青年，闭口也是青年。但青年又何能一概而论？有醒着的，有睡着的，有昏着的，有躺着的，有玩着的，此外还多。但是，自然也有要前进的。

……

有些青年似乎也觉悟了，我记得《京报副刊》征求青年必读书时，曾有一位发过牢骚，终于说：只有自己可靠！我现在还想斗胆转一句，虽然有些杀风景，就是：自己也未必可靠的。

……

或者还是知道自己之不甚可靠者，倒较为可靠罢。

青年又何须寻那挂着金字招牌的导师呢？不如寻朋友，联合起来，同向着似乎可以生存的方向走。你们所多的是生力，遇见深林，可以辟成平地的，遇见旷野，可以栽种树木的；遇见沙漠，可以开掘井泉的。问什么荆棘塞途的老路，寻什么乌烟瘴气的鸟导师！

鲁迅指示生存的要点，以为青年目下的当务之急，是："一要生存，二要温饱，三要发展。苟有阻碍这前途者，无论是古是今，是人是鬼，是《三坟》《五典》，百宋千元，天球河图，金人玉佛，祖传丸散，秘制膏丹，全都踏倒它。"言之郑重痛切。现在就《北京通讯》（《华盖集》）中选引一段如下：

  ……我只可以说出我为别人设计的话，说是：一要生存，二要温饱，三要发展。有敢来阻碍这三事者，无论是谁，我们都反抗他，扑灭他！

  可是还得附加几句话以免误解，就是：我之所谓生存，并不是苟活；所谓温饱，并不是奢侈；所谓发展，也不是放纵。

  ……

  ……（古训）教人不要动。不动，失错当然就较少了，……我以为人类为向上，即发展起见，应该活动，活动而有若干失错，也不要紧。惟独半死半生的苟活是全盘失错的。

鲁迅常说："不满是向上的车轮，能够载着不自满的人类，向人道前进。"又说："不平还是改造的引线，但必须先改造了自己，再改造社会，改造世界；万不可单是不平。至于愤恨，却几乎全无用处。"总之，先要改造自己，努力前进，他有一篇《生命的路》（《热风》），现在摘引几句如下：

  生命的路是进步的，总是沿着无限的精神三角形的斜面向上走，什么都阻止他不得。

  ……无论什么黑暗来防范思潮，什么悲惨来袭击社会，什么罪恶来亵渎人道，人类的渴仰完全的潜力，总是踏了这些铁蒺藜向前进。

什么是路？就是从没路的地方践踏出来的，从只有荆棘的地方开辟出来的。

鲁迅常说国民性必须改造，否则招牌虽换，货色照旧，口号虽新，革命必无成功。革命者只有前进，义无反顾的。……

以上这些话，是很适切很需要的。

再就鲁迅对于青年个人的指示来说，也都是非常周到深刻，而且不加客气的。我们随便举几封信看看，便可了然。例如给木刻家李雾城的信，说："做一件事无论大小，倘无恒心，是很不好的。而看一切太难，固然能使人无成，但若看得太容易，也能使事情无结果。我曾经看过 MK 社的展览会，新近又见了无名木刻社的《木刻集》（那书上有我的序，不过给我看的画，和现在所印者不同），觉得有一种共通的毛病，就是并非因为有了木刻，所以来开会，出书，倒是因为要开会，出书，所以赶紧大家来刻木刻，所以草率，幼稚的作品，也难免都拿来充数。非有耐心，是克服不了这缺点的。"（《鲁迅书简》）又另一封给李雾城的，说："三日的信并木刻一幅，今天收到了，这一幅构图很稳妥，浪费的刀也几乎没有。但我觉得烟囱太多了一点，平常的工厂，恐怕没有这许多；又，《汽笛响了》，那是开工的时候，为什么烟囱上没有烟呢？又，刻劳动者而头小臂粗，务须十分留心，勿使看者有'畸形'之感，一有，便成为讽刺他只有暴力而无智识了。但这一幅里还不至此，现在不过偶然想起，顺便说说而已。"（见景宋的《鲁迅和青年们》文中所引）这观察是何等锐敏而深刻，这措辞是何等婉转而周到！

又如写给一位本不相识的儿童颜黎民的两封信，他要书就给他书，要照片就给他照片，有所询问就详详细细地答复他。现在只抄一段，以概其余。"说起桃花来，我在上海也看见了。……至于看桃花的名所，是龙华，也有屠场，我有好几个青年朋友就死在那里面，所以我是不去的。我的信如果要发表，且有发表的地方，我可以同意。我们不是没有说什么不能告人的话么？如果有，既然说了，就不怕发表。临了，我要通知你一件你疏忽了的地方。你把自己的名字涂改了，会写错自己名字的人，是很少的，所以这是告诉了我所署的是假名。还有，我看你是看了《妇女生活》里的一篇《关于小孩子》的，是不是？"（《鲁迅书简》）这态度是何等真挚而严正，措辞是何等亲切而周详！

本省台湾在没有光复以前，鲁迅也和海内的革命志士一样，对于台湾，尤其对于台湾的青年从不忘怀的。

他赞美他们的赞助中国革命，自然也渴望着台湾的革命，这是不言而喻的，现在摘引几句于下：

还记得去年夏天住在北京的时候，遇见张我权君，听到他说过这样意思的话："中国人似乎都忘记了台湾了，谁也不大提起。"他是一个台湾的青年。

一九三一年，鲁迅与青年木刻家合影 |

　　我当时就像受了创痛似的，有点苦楚；但口上却道："不。那倒不至于的。只因为本国太破烂，内忧外患，非常之多，自顾不暇了，所以只能将台湾这些事情暂且放下。……"

　　但正在困苦中的台湾的青年，却并不将中国的事情暂且放下。他们常希望中国革命的成功，……总想尽些力，于中国的现在和将来有所裨益，即使是自己还在做学生。(《而已集·写在〈劳动问题〉之前》)

　　总之，鲁迅的处事接物，一切都以诚爱为核心的人格的表现。他爱护青年，青年也爱护他。现值逝世十周纪念之日，全国青年，正不知若何悲痛和感念呢！大哉鲁迅！真是青年的导师！

一九四六年十月十四日

鲁迅的德行

　　鲁迅自己不承认是教育家或青年的导师，然而他的言满天下，尊重创造和奋斗，并且主张扩充文化，指导青年的生活，这些都是合于教育的；他的行为人范，刻苦耐劳，认真周密，赤诚爱国，情愿自作牺牲，这些又是合于教育的。正唯其自己不承认是教师，这才够得上称为真正的教师。他就学在仙台医学专校的时候，伦理学的成绩例在优等，从此可知他的涵养德行，有本有源，他的判断事物的价值，有根有据。我常常说：他不但于说明科学攻习有素，且于轨范科学如伦理学美学之类也研究及深。客观方面既说明事实的所以然，主观方面又能判断其价值的所在。以之运用于创作，每有双管齐下之妙。举例言之，他利用了医学知识写《狂人日记》，而归结于羞恶是非的判断，说"有了四千年吃人履历的我，当初虽然不知道，现在明白，难见真的人！"此非有得于伦理学的修养，明白善恶的价值判断，何能达到这种境地呢！

鲁迅作品中，来尝明言道德，而处处见其德行的流露。他的伟大，不但在创作上可以见到，即在其起居状况，琐屑言行之中，也可见得伟大的模范。现在略略的举出鲁迅的德行的特点：第一是诚爱，他的创作，即以其诚爱为核心的人格表现。例如《一件小事》(《呐喊》)，他描写车夫扶着一个车把摔倒的花白头发的女人，走向巡警分驻所去的时候，突然感到这车夫人格的伟大，说：

> 我这时突然感到一种异样的感觉，觉得他满身灰尘的后影，刹时高大了，而且愈走愈大，须仰视才见。而且他对于我，渐渐的又几乎变成一种威压，甚而至于要榨出皮袍下面藏着的"小"来。
>
> ……
>
> 这事到了现在，还是时时记起。我因此也时时熬了苦痛，努力的要想到我自己。几年来的文治武力，在我早如幼少时候所读过的"子曰诗云"一般，背不上半句了。独有这一件小事，却总是浮在我眼前，有时反更分明，教我惭愧，催我自新，并且增长我的勇气和希望。

第二是勤劳。鲁迅发愤写作，每每忘昼夜，忘寒暑，甚而至于忘食，民国十六年，我和他同住在中山大学中一间最中央而最高大的处所，通称"大钟楼"的时候，亲见他

彻宵写作,《铸剑》一篇,便在这时修改誊正的,虽则注明
"一九二六年十月作"。后来同居在白云楼的时候,也亲见
"他的住室,阳光侵入到大半间,……可是他能在两窗之间
的壁下,伏案写稿,手不停挥:修订和重钞《小约翰》的译
稿;编订《朝花夕拾》,作后记,绘插图;又编录《唐宋传
奇集》"(拙著《鲁迅的生活》)。景宋有云:"他不自己承认
有天才,又说:'那里有天才,我是把别人喝咖啡的工夫都
用在工作上的。'他实在是不断学习,不断努力。"(《〈鲁迅
全集〉编校后记》)

第三是坚贞。鲁迅的战斗精神坚韧无比,他常常说:
"无论爱什么,——饭,异性,国,民族,人类等等,——
只有纠缠如毒蛇,执着如怨鬼,二六时中,没有已时者有
望。"(《华盖集·杂感》)又说:"对于旧社会和旧势力的斗
争,必须坚决,持久不断,而且注重实力。旧社会的根柢原
是非常坚固的,新运动非有更大的力不能动摇它什么。并且
旧社会还有它使新势力妥协的好办法,但它自己是决不妥协
的。""我们急于要造出大群的新的战士,但同时,在文学战
线上的人还要'韧'。所谓韧,就是不要像前清做八股文的
'敲门砖'似的办法。"(《二心集·对于左翼作家联盟的意
见》)鲁迅是一位为民请命,拼命硬干的人,民国十九年春,
忽负密令通缉的罪名,相识的人都劝他暂避。鲁迅答道:
"不要紧的,如果是真的要捉,就不会下通缉令了。就是说
有点讨厌,别给我开口——是那么一回事。"俯仰无怍,处

处泰然。所以他的身子虽在围攻禁锢之中，而始终奋斗，决不屈服，虽则因为肺结核的病而至垂死的时候，还是不肯小休，"要赶快做"。弥留的前夕，还是握管如恒。真真实践了二十三岁所作《自题小像》的"我以我血荐轩辕"的诗句！

第四是谦虚。鲁迅不自己承认有天才，对于自己的作品，总是"自视欿然"，所以始终有进步的。举个例罢。一九二七年，瑞典人S对于中国新文学，甚感兴趣，欲托人选译鲁迅作品，送给"管理诺贝尔文学奖金委员会"，S以为极有希望的，托人征求鲁迅的同意时，他却答道不愿：

……请你转致半农先生，我感谢他的好意，为我，为中国。但我很抱歉，我不愿如此。

诺贝尔赏金，梁启超自然不配，我也不配，要拿这钱，还欠努力。世界上比我好的作家何限，他们得不到。你看我译的那本《小约翰》，我那里做得出来，然而这作者就没有得到。

……

我觉得中国实在还没有可得诺贝尔赏金的人，瑞典最好是不要理我们，谁也不给。倘因为黄色脸皮人，格外优待从宽，反足以长中国人的虚荣心，以为真可与别国大作家比肩了，结果将很坏。（《鲁迅书简·答台静农》）

此外，鲁迅的节约，整洁，负责任，富友谊以及为大众服务……美德举不胜举，都足为国民的模范。景宋的《鲁迅的日常生活》《鲁迅和青年们》等等，记述得甚为详赡。足供参考。伟哉鲁迅！中华民族之魂！

一九三六年十月

鲁迅的人格与思想

鲁迅是青年的导师，他的书不但为现代这一代的青年们所爱读，我相信也将为第二代第三代……青年们所爱读。鲁迅又是民族的文化斗士，他暴露了民族性的缺点，揭发了历史上的暗黑，为大众人民开光明自由之路，独自个首先冲锋突击。鲁迅又是世界的文化斗士，他的书已经为世界第一流文学家们所推许，例如法国罗曼·罗兰见了《阿Q正传》便称赞道："这是世界的。里面许多讥讽语言，我永远也不会忘记阿Q那副忧愁的面孔。"他的书国际间这样驰名，苏联的翻译尤其盛行，单是《阿Q正传》便有好几种译本。日本也盛行，在鲁迅逝世后不到半年，就出版了《大鲁迅全集》七大册。日本作家中间有些人本来是器小自慢的，独对于鲁迅作品的伟大，居然俯首承认，说是在他们中竟没有一个人可以匹敌的。……

鲁迅的作品这样伟大，其原因何在？我敢说，这是由于他的人格的伟大。说到他的人格，我们就得首先注意于各方面：他的学问的幅员是极其广博的，不但于说明科学研究有素，于规范科学也涵养甚深，他学医的时候，伦理学的成绩有八十三分。他的日常生活是朴素的，始终维持着学生时代的生活。他的政治识见是特别优越，因为他观察社会实在来得深刻。他的体力又是很强壮的。有人或许要问，他体力强壮，何以会患肺结核而死呢？这是因为经济的压迫，环境的艰困，工作的繁重，弄得积劳过度的缘故。他病重的时候，史沫特莱女士带了在上海唯一的西洋肺病专家 D 医师去诊，他称赞鲁迅是最能够抵抗疾病的典型的中国人，但宣告已经无希望，这要是在欧洲人，那早在五年以前死亡的了。因之，鲁迅没有请他开方，因为想他的医学从欧洲学来，一定没有学给死了五年的病人开方的法子。即此一端，便可证明鲁迅的体力之强。

现在说到他的人格的伟大和圣洁，可以从种种方面来看：

一是真诚。鲁迅无论在求学，在做事，或在写文章，都是处处认真，字字忠实，不肯有丝毫的苟且，不肯有一点马马虎虎，所以他说："我的确时时解剖别人，然而更多的是更无情面地解剖我自己……"（《坟·写在〈坟〉后面》）他痛恨"中国人的不敢正视各方面，用瞒和骗，造出奇妙的逃路来，而自以为正路。在这路上，就证明着国民性的怯弱，懒惰，而又巧滑。一天一天的满足着，即一天一天的堕落着……"（《坟·论睁了眼看》）这个真诚，是他的人格的核心之一，也就是作品所以深刻的原因之一。

二是挚爱。鲁迅最富于情爱。他对于祖国对于民族的挚爱，是跟着研究人性和国民性问题的深切而越发热烈，可是他的观察和抉发病根却越来得冷静，"这好比一个医道高明的医师，遇到了平生最亲爱的人，患着极度危险的痼疾，当仁不让，见义勇为，一心要把他治好。试问这个医师在这时候，是否极度冷静地诊察，还是蹦蹦跳跳，叫嚣不止呢？"（拙著《鲁迅的生活》）他对于友人，尤其对于青年，爱护无所不至，不但是物质上多所资助，便是精神上也肯拼命服务，替他们看稿，改稿，介绍稿子，校对稿子，希望能出几个有用人才。他说：

> ……我在过去的近十年中，费去的力气实在也并不少，即使校对别人的译著，也真是一个字一个字的看下去，决不肯随便放过，敷衍作者和读者的，并且毫不怀着有所利用的意思……（《三闲集·鲁迅译著书目》）

鲁迅这样替人用力确乎不虚，因此成名的颇不乏人，固然也有吃力不讨好的，或是受骗的，鲁迅却泰然说道："我不能因为一个人做了贼，就疑心一切的人。"这是多么伟大！这个挚爱是他人格的核心，也就是作品所以伟大的原因。

三是坚贞。鲁迅要想造出大群的新的战士，在文学战线上的必须"韧",他自己便是一个"韧"战的模范。他是一个为民请命,拼命硬干的人,一九三〇年春,忽负密令通缉的罪名,相识的人都劝他暂避,而鲁迅处之泰然,有云:"……故且深自韬晦,冀延余年,倘举朝文武,仍不相容,会当相偕以泛海,或相率而授命耳。"(《鲁迅书简·复李秉中函》)他虽身在围攻禁锢之中,毫无畏缩,而坚韧奋斗,始终不屈。他的上海寓屋是在越界筑路的北四川路,即那时所谓"半租界"。所以他的最后的杂文集,题名曰《且介亭杂文》,且介者,租界两字之各半也。他虽因肺结核而至垂死的时候,还是不肯小休,不肯出国去作转地疗养,"要赶快做"。弥留的前夕,还是握管如恒。这种为民族,为后代的自我牺牲精神,真是实践了他自己的诗句"俯首甘为孺子牛",我们只有俯首佩服!

四是勤劳。鲁迅发愤著译的时候,我亲眼看见他每每忘昼夜,甚而至于忘食。景宋在《〈死魂灵〉附记》中,有着两段的话:

> 我从《死魂灵》想起他艰苦的工作:全桌面铺满了书本,专诚而又认真地,沉湛于中的,一心致志的在翻译。有时因了原本字汇的丰美,在中国的方块字里面,找不出适当的句子末,其窘迫于产生的情况,真不下于科学者的发明。

> 当《死魂灵》第二部第三章翻译完了时,正是

一九三六年的五月十五日。其始先生熬住了身体的虚弱，一直支撑着做工。等到翻译得以告一段落了的晚上，他抱着做下了一件如心的事之后似的，轻松地叹一口气说：休息一下罢！不过觉得人不大好。我就劝告他早些医治，后来竟病倒了。（见《鲁迅全集》第二十卷，六〇五、六〇六页）

鲁迅工作的认真，刻苦，从来不肯丝毫偷懒。他译《死魂灵》第二部第三章中有一句"近乎刚刚出浴的眉提希的威奴斯的位置"，注云："威奴斯是罗马神话上的美和爱欲的女神，至今还存留着当时的好几种雕像。'眉提希的威奴斯'（Venus de Medici）为克莱阿美纳斯（Cleomenes）所雕刻，一手当胸，一手置胸腹之间。"鲁迅为了要说明这姿势，曾费了很多的金钱和力气，才得查明。曹靖华的《从翻译工作看鲁迅先生》文中有云：

　　……他知道眉提希的威奴斯，为克莱阿美纳斯所雕刻，但他没有见过雕刻的图像，不知出浴者的姿势，于是东翻西查，却偏觅不得，又买了日本新出的《美术百科全书》来查，依然没有，后来花了更多的力气，才查到注明出来。

此外，鲁迅的谦逊，节约，整洁，负责任，富友谊，以及为大众为儿童服务等等，都证明着他的人格的伟大，够得上做国民的模范。

至于鲁迅的思想，其本质是人道主义，其方法是战斗的现实主义。他生在国家民族最困厄的时代，内在者重重腐朽，外来者招招侵凌，他的敌忾心发为怒吼，来和那封建势力及帝国主义相搏斗，三十年如一日，全集二十大册，都是战斗精神的业绩。生平所最努力追求阐扬者，在"最理想的人性"，所以对于一切摧残或毒害"最理想的人性"的发展者——一切不合理的制度文物莫不施以猛烈的无情的抨击。《狂人日记》中，首先提出"吃人"的礼教，来揭示其新的人生观和社会观（参阅茅盾著《最理想的人性》）。

鲁迅的思想，虽跟着时代的迁移，大有进展，由进化论而至唯物论，由个人主义而至集体主义，但有为其一贯的线索者在，这就是战斗的现实主义。其思想方法，不是从抽象的理论出发，而是从具体的事实出发的，在现实生活中得其结论。他目睹了父亲重病，服了种种奇特的汤药而终于死掉，便悟到中医的骗人；目睹了身体茁壮而神情麻木的中国人，将要被日军斩首示众，觉得人们的愚昧，无药可医，乃毅然弃医而习文艺；鉴于两个小白兔的失踪，生物史上不着一点痕迹，便感到生命的成就和毁坏实在太滥（《呐喊·兔和猫》）；鉴于人力车夫扶助一个老女人，及其自我牺牲的精神，便悟到人类之有希望（《呐喊·一件小事》）；鉴于汉字学习的艰难，全国文盲多得可怕，便大声疾呼地说：汉字和大众势不两立，必须改造，用新文字；看穿了孔教的专为统治者们和侵略者们所利用，而毅然说现在中国人民，对于孔子并无关系，并不亲密。

因之，鲁迅的著作中，充满着战斗精神，创造精神，以及为劳苦大众请命的精神。

先说他的战斗精神。上面已经略略提过，因为他对于事物，是非分明，爱憎彻底，发为战斗，所向披靡。常说文人，"不但要以热烈的憎，向'异己'者进攻，还得以热烈的憎，向'死的说教者'抗战。在现在这'可怜'的时代，能杀才能生，能憎才能爱，能生与爱，才能文"（《且介亭杂文二集·七论"文人相轻"——两伤》）。如果要举例，如《故事新编·铸剑》《野草·这样的战士》便是。

次说创造精神。创造精神是美的，战斗精神是力的，这二者互相关联；美者必有力，力者必有美。所以上面所举的《铸剑》《这样的战士》，也就是壮美的代表。鲁迅是诗人，他的著作都充满着美的创造精神，散文诗《野草》不待说，就是其余也篇篇皆诗，尤其是短评，不但体裁风格，变化无穷，内容又无不精练而锋利，深刻而明快，匕首似的刺入深际，反映社会政治的日常事变，使它毫无遁形，这些都是绝好的诗。有人说鲁迅没有长篇小说是件憾事，其实他是有三篇腹稿的，其中一篇是《杨贵妃》。他对于唐明皇和杨贵妃的性格，对于盛唐的时代背景，以及宫室服饰，用具等等，统统考证研究得很详细。他的写法，曾经说给我听过，系起于明皇被刺的一刹那间，从比倒回上去，把他的生平一幕一幕似的映出来。他说明皇和贵妃间的爱情早已衰歇了，不然何以会有七夕夜半，两人密誓愿世世为夫妇的情形呢？在爱情浓烈的时候，哪里会想到来世呢？他的知人论世，总是比别人深刻一层。这些腹稿，终于因为国难的严重，政治的腐败，生活的不安定，没有余暇把它写出，转而至于写那些匕首似的短评了。

最后说到为劳苦大众请命的精神。鲁迅在《我怎么做起小说来》文中说："所以我的取材，多采自病态社会的不幸的人们中，意思是在揭出病苦，引起疗救的注意。"又在《英译本〈短篇小说选集〉自序》文中说："使我能够间或和许多农民相亲近，逐渐知道他们是毕生受着压迫，很多苦痛……后来我看到一些外国的小说，尤其是俄国，波兰和巴尔干诸小国的，才明白了世界上也有这许多和我们的劳苦大众同一运命的人，而有些作家正在为此而呼号，而战斗。而历来所见的农村之类的景况，也更加分明地再现于我的眼前。偶然得到一个可写文章的机会，我便将所谓上流社会的堕落和下层社会的不幸，陆续用短篇小说的形式发表出来了。"鲁迅这些自述，完全真确，《阿Q正传》便是一个代表作。他映写了辛亥革命前夜的时代背景，农村的破产，失业，饥饿，榨取者和被榨取者的斗争，土豪劣绅对于革命的厌恶，贪官污吏对于革命的投机，以及阿Q及周围的人民对于革命的憧憬和模糊的认识，再穿插着革命的不彻底及其妥协精神，封建社会的崩溃。总之把所谓上流社会的堕落和下层社会的不幸，完全发表出来了，宜乎识者看了这篇写实作品，认为世界的了。

以上略述鲁迅的著作。

我们中华民族是伟大的。出了鲁迅这样有伟大人格和伟大思想的人物，足够增长我们民族的自信力了。我们要学习鲁迅！我们要学习鲁迅！

一九四六年十月二十九日

《鲁迅的思想与生活》自序

　　我和鲁迅生平有三十三年的友谊，"同声相应，同气相求"，在东京订交的时候，便有缟带绲衣之情，从此互相关怀，不异于骨肉。他在我的印象中，最初的而且至今还历历如在目前的，乃是四十年前，他剪掉辫子后的喜悦的表情；最后的而且永远引起我的悲痛的，乃是十年前，他去世两个月前，依依惜别之情。时为七月二十七日，他大病初愈，身体虽瘦，精神已健，我们二人长谈一日，他以凯绥·珂勒惠支的《版画选集》题词赠我，词曰："印造此书，自去年至今年，自病前至病后，手自经营，才得成就，持赠季市一册，以为纪念耳。"晚上告别时，他还问我几时再回南，并且下楼送我上车。这次下楼送我在本年还是第一次，因为前几次他都卧病在未，不能下楼，哪里料得这一次的门前话别，便是我们的永诀呀！

　　三十五年之间，有二十年是晨夕相见的。每次相见，他总是名言百出，机智疾流，使我得一种愉快的经验，恍如坐在春风之中。这种愉快的经验，追忆起来，实在是举不胜举。现在只就对于我个人方面的事实，略举数端：一九一四年，我的长儿世瑛年五岁，我便依照吾越的乡风，敦请鲁迅做开蒙先生。他只给瑛儿认识两个方块字：一个是"天"字，一个是"人"字。这天人两个字的含义实在来得广，世上一切现象（自然和人文），一切道德（天道和人道），可说包括无遗了。又鲁迅最怕酬应，大抵可辞则辞，独对于我长女世瑄的结婚那天，即一九三五年七月，居然偕景宋挈海婴惠临，而且到得很早。后来才知道他为我曾费去了很多的光阴，说"月初因为见了几回一个老朋友，又出席于他女儿的结婚，把译作搁起来了，后来须赶译，所以弄得没有工夫"（《鲁迅书简》第八一八页）。我对于他的光临，觉得非常荣幸，对于耗损了他的宝贵的光阴，又觉得非常抱歉！其他散见于拙著《亡友鲁迅印象记》中的甚多，概从略。

鲁迅之丧，我在北平，不能像汉朝范式的素车白马，不远千里地奔张劭之丧，一直迟到寒假，才得回南，至上海万国公墓中鲁迅墓地，献花圈以申"生刍一束"之忱，归途成了一首《哭鲁迅墓》诗如下：

身后万民同雪涕，生前孤剑独冲锋。

丹心浩气终黄土，长夜凭谁叩晓钟。

一九四七年五月

鲁迅的避难生活

鲁迅一生历尽了不少的艰危，自己把整个的生命，献了出来，为我们民族的生存和进步，勇敢奋斗，至死不屈，患肺结核而至垂死的时候了，友人们劝他转地疗养，而他仍屹然不移，不肯轻易舍去。他在少年时期，就饱尝颠沛流离之苦，孑身出走，毫不自馁，于世态的炎凉，人情的淡薄，看透而又看透了。其避难情形之荦荦大者列举如下：

一　一八九三年秋，鲁迅十三岁，因家事而避难。

二　一九二六年，因三一八惨案后，张作霖入京而避难。

三　一九三C年三月，因自由大同盟事，被通缉而离寓。

四　一九三一年一月，因柔石被捕，谣言蜂起而离寓。

五　一九三二年，因一·二八战事，家陷火线中而出走。

六 一九三四年八月，因熟识者被逮，离寓避难。

一 为的祖父福清因事下狱，父伯宜又抱重病，家产骤然中落。鲁迅在《自传》中有云："……但到我十三岁时，我家忽而遭了一场很大的变故，几乎什么也没有了；我寄住在一个亲戚家，有时还被称为乞食者。我于是决心回家……"又《呐喊·自序》有云："有谁从小康人家而坠入困顿的么，我以为在这途路中，大概可以看见世人的真面目；我要到 N 进 K 学堂去了，仿佛是想走异路，逃异地，去寻求别样的人们。我的母亲没有法，办了八元的川资，说是由我的自便；……"所谓亲戚家是指他的外家，试看他当十一二岁时，《社戏》中所描写的：跟着母亲到外家，和小朋友们一起游玩，和大自然亲近接触，有时掘蚯蚓来钓虾，坐白篷船看社戏，是何等自在，曾几何时，而竟被指为"乞食者"；这对比是何等尖锐！

二 为的三一八惨案以后，有要通缉五十人的传说，我和鲁迅均列名在内。等到张作霖将入京，先头部队已抵高桥了，经老友齐寿山的怂恿，我和鲁迅及其他相识者十余人，便避入 D 医院的一间堆积房，夜间在水门汀地面上睡觉，白天用面包和罐头食品充饥。鲁迅在这样境遇中，还是写作不辍。

三和四 连年逃难，都是在春天。其实他自旅沪以来，潜心著述，杜门不出，而竟被人乘机陷害，心中孤愤，不言而喻，成诗一首如下：

> 惯于长夜过春时，挈妇将雏鬓有丝。
>
> 梦里依稀慈母泪，城头变幻大王旗。
>
> 忍看朋辈成新鬼，怒向刀丛觅小诗。
>
> 吟罢低眉无写处，月光如水照缁衣。

诗中"刀丛"二字，他后来写给我的是作"刀边"。全首真切哀痛，为人们所传诵，郭沫若先生在抗战那年归国赋投笔诗，不是纯用这首的原韵吗？

又鲁迅于书简中，也是感怆交并，有云：

> 上月中旬，此间捕青年数十人，其中之一，是我学生（或云有一人自言姓鲁）。飞短流长之徒，因盛传我已被捕。通讯社员发电全国，小报记者盛造谰言，或载我之罪状，或叙我之住址，意在讽喻当局，加以搜捕。……而沪上人心，往往幸灾乐祸。冀人之危，以为谈助。（《鲁迅书简》一五页，致李秉中信）

鲁迅给我报告无恙的书信，体裁和平常不同，不施句读，避用真名，且以换住至院来代出走字样。兹录如下：

> 季黻吾兄左右昨至宝隆医院看索士兄病则已不在院

中据云大约改入别一病院而不知其名拟访其弟询之当知
详细但尚未暇也近日浙江亲友有传其病笃或已死者恐即
因出院之故恐兄亦闻此讹言为之黯然故特此奉白此布即
请道安

弟令斐顿首　一月二十一日

五　一·二八战事既起，我念鲁迅寓所正在火线之中，
乔峰也复如此，既无法写信去问，来信又久待不至，不得已
电讯陈子英，子英即登报招寻，鲁迅知道了，立刻发信给我
如下：

季市兄：

因昨闻子英登报招寻，访之，始知兄曾电讯下落。
此次事变，殊出意料之外，以致突陷火线中，血刃塞
涂，飞丸入室，真有命在旦夕之概。于二月六日，始得
由内山君设法，携妇孺走入英租界，书物虽一无取携，
而大小幸无恙，可以告慰也。现暂寓其店中，亦非久
计，但尚未定迁至何处。倘赐信，可由"四马路杏花楼
下，北新书局转"耳。此颂
曼福。　　　　　　　　弟树顿首　二月二十二日

　　我又挂念他脱离虎口以后，寓屋和书物，已否毁为焦土，此后行踪如何，他均有复音，详叙流徙中及迁回后的情形。其中三封已录入拙著《亡友鲁迅印象记》第二十二章，兹不赘……

　　六　从略。[1]

　　综观历次避难，只不过离寓若干步而已，大约为的经费拮据的关系，虽经友人多方劝告，总不能远游或出国。他自谓"时亦有意，去此危邦，而眷念旧乡，仍不能绝裾径去，野人怀土，小草恋山，亦可哀也"（《鲁迅书简》一六页，致李秉中信）。《离骚》有云："曰：'勉远逝而无狐疑兮，孰求美而释女！何所独无芳草兮、尔何怀乎故宇！'"又云："陟升皇之赫戏兮，忽临睨夫旧乡，仆夫悲余马怀兮，蜷局顾而不行。"鲁迅的境遇和三闾大夫何其相像呢！

一九四七年七月二十八日

---

[1]原文如此。

鲁迅的游戏文章

　　和鲁迅相处，听其谈吐，使人得一种愉快的经验，可以终日没有倦容。因为他的胸怀洒落，极像光风霁月，他的气度，又"汪汪若千顷之波，澄之不清，挠之不浊，不可量也"。他有时也说笑话，可以见其观察的锐敏，机智的丰饶，然而态度总是严正，发人猛省的。谈话如此，做起文章来也如此。偶尔弄点游戏笔墨，似乎是随便胡诌，其实含义还是一本正经，也足以发人猛省的。即使只言片语也弥足宝贵，现在分书信、诗词、杂文三方面，各举几个例子如下。

　　先说书信方面：鲁迅一九〇四年，往仙台进了医学专门学校，有一次来信给我，大意说气候较寒每日借入浴取暖，仙台的浴池，男女之分，只隔着一道矮矮的板壁，同学们每每边唱边洗，有的人乃踏上小杌子，窥望邻室。信中有两句，至今我还记得的："同学阳狂，或登高而窥裸女。"自注云："昨夜读《天演论》，故有此神来之笔。"对于严复译文的声调铿锵，开个玩笑。

一九〇八年，鲁迅在东京有给同乡友人邵铭之讨债的一封长信，写得骈四俪六，很有趣的。铭之名文熔，人极诚笃，自费到东京来留学，先入清华预备学校，学习日语，后往札幌工业专门学校读土木工程。因为清华学校里有中国厨子，他常备中国菜以饷我们，我们本来吃厌了日本料理，一旦遇到盛馔，自然像秋风吹落叶，一扫而空了。他无意地说出我料得你们馋如饿鬼，幸而藏起了一碗……我们听了，立即把它搜出大吃个精光。他身材高大而肥硕，裤脚管特别做得胖大，宛然像一对昔时迎娶花轿前面的仪仗裤脚灯笼，摇摇晃晃的。又因为测量实习，工程实习的关系，常常告诉我们他又须"出张"了。鲁迅的信中有云："试开'押入'，剩一碗之烹鸡，爱道'出张'，着双灯之胖裤。……近者鉴湖蔡子，已到青山，诸暨何公，亦来赤阪，信人材之大盛，叹吾道之何穷，……仰乞鸿恩，聊拯蚁命……"其余佳句尚多，可惜我统统忘却了。信中"押入"是日本的壁橱，"出张"是出差之意，青山和赤阪都是东京的地名。铭之收到这信，不免啼笑皆非，曾经当面诼他的言论是"毒奇"。这次回信很客气，但说不日即归还，鲁迅看了说："铭之怒了。"

又如一封给景宋的信（《鲁迅书简》卷首及二〇一页），文曰：

景宋"女士"学席程门

　　飞雪贻误多时愧循循之无方幸

　　骏才之易教而乃年届结束南北东西虽尺素之能通或

　　下问之不易言念及此不禁泪下四条吾

　　生倘能赦兹愚劣使师得备薄馔于月十六日午十二时

假宫门口西三条胡同二十一号

　　周宅一叙俾罄愚诚不胜厚幸顺颂

时绥

　　　　　　师鲁迅谨订　八月十五日早

　　文中"四条"一词，景宋有附记说明："乃鲁迅先生爱用以奚落女人的哭泣，两条眼泪，两条鼻涕，故云。有时简直呼之曰：四条胡同，使我们常常因之大窘。"文中还有"飞雪"一词，虽对原信"立雪"而言，但我想"飞"字还另有来历的。自从景宋等六人，因女师大风潮，被杨荫榆校长开除，布告上称为"害群之马"。后来，对于景宋直称曰"害马飞来了"。这害马之名，不但鲁迅公开地说，而且景宋也自己承认，所以她给鲁迅的书信署名是"你的 H.M."（见《两地书》），H.M. 即害马拼音的缩写。我想这信中的"飞"字是这样来的。

　　次说鲁迅的诗词，例如：《我的失恋》四首（《野草》），第一首中间有云：

爱人赠我百蝶巾；

回她什么：猫头鹰。

第二首中间为：

爱人赠我双燕图；

回她什么：冰糖壶卢。

第三首中间为：

爱人赠我金表索；

回她什么：发汗药。

第四首则有：

爱人赠我玫瑰花；

回她什么：赤练蛇。

从此翻脸不理我，

不道何故兮——由她去罢。

这诗挖苦当时那些"阿唷！我活不了啰，失了主宰了"之类的失恋诗盛行，故意做一首"由她去罢"收场的东西，开开玩笑。他自己标明为"拟古的新打油诗"，阅读者多以为信口胡诌，觉得有趣而已，殊不知猫头鹰本是他自己所钟爱的，冰糖壶卢是爱吃的，发汗药是常用的，赤练蛇也是爱看的。还是一本正经，没有什么做作。

又如一九三二年所作《教授杂咏》四首（是鲁迅写给我看的，《集外集拾遗》内只载三首，没有第四首），录于下：

其一

作法不自毙，悠然过四十。

何妨赌肥头，抵当辩证法。

其二

可怜织女星，化为马郎妇。

乌鹊疑不来，迢迢牛奶路。

其三

世界有文学，少女多丰臀。

鸡汤代猪肉，北新遂掩门。

其四

名人选小说，入线云有限。

虽有望远镜，无奈近视眼。

第一首是咏玄同，第二首咏赵景深，第三首咏衣萍，第四首咏六逸。

又如一九三三年《剥崔颢〈黄鹤楼〉诗》（《伪自由书·崇实》）曰：

阔人已骑文化去，此地空余文化城。

文化一去不复返，古城千载冷清清。

专车队队前门站，晦气重重大学生。

日薄榆关何处抗，烟花场上没人惊。

这对于当时北平的迁移古物和不准大学生逃难，有所指责，貌虽近乎游戏，而中间实含无限嗟叹！

又如一九三四年所作《报载患脑炎戏作》：

横眉岂夺蛾眉冶，不料仍违众女心。

诅咒而今翻异样，无如臣脑故如冰。

诗中"蛾眉""众女"都出于《离骚》，可见鲁迅对此书之熟，解放诗韵，蒸侵同叶，可谓革新，也可谓复古，因为周秦古籍中早有这种合韵了。

最后说到鲁迅的散文，涉于游戏的地方更多，聊举二事，以见一斑：（一）《我来说"持中"的真相》（《集外集》）说：

风闻有我的老同学玄同其人者，往往背地里褒贬我，褒固无妨，而又有贬，则岂不可气呢？今天寻出漏洞，虽然与我无干，但也就来回敬一箭罢：报仇雪恨，

《春秋》之义也。

他在《语丝》第二期上说，有某人挖苦叶名琛的对联"不战，不和，不守；不死，不降，不走。"大概可以作为中国人"持中"的真相之说明。我以为这是不对的。

因为鲁迅说中国人的"持中"的态度是"骑墙"，或是极巧妙的"随风倒"，所以他继续说道：

> ……倘改篡了旧对联来说明，就该是：
>
> "似战，似和，似守；
>
> 似死，似降，似走。"
>
> 于是玄同即应据精神文明法律第九万三千八百九十四条，治以"误解真相，惑世诬民"之罪了。但因为文中用有"大概"二字，可以酌给末减：这两个字是我也很喜欢用的。

这是又一次对玄同开玩笑了。（二）是《补救世道文件四种》之丁，钞书太烦，摘录几句如下：

> ……礼乐偕辫发以同赕，情性与缠足而俱放；ABCD，盛读于黉中，之乎者也，渐消于笔下。以致"人心败坏，道德沦亡"。诚当棘地之秋，宁音"杞天之

虑"？所幸存寓公于租界，传圣道于洋场，无待乘桴，
居然为铎。从此老喉嘹亮，吟关关之雎鸠，吉士骈填，
若浩浩乎河水。

这篇描孔子之徒的怪现象，可谓透辟，也是他一贯的
主张和作风。文笔和上面所引给邵铭之信相类，读者自能
辨之。

一九四七年九月三十日

附录　鲁迅先生年谱

凡　例

一　先生自民国元年五月抵京之日始，即写日记，从无间断，凡天气之变化如阴、晴、风、雨，人事之交际如友朋过从，信札往来，书籍购入，均详载无遗，他日付印，足供参考。故年谱之编，力求简短，仅举荦荦大端而已。

二　先生著作既多，译文亦富，另有著译书目，按年排比，故本谱于此二项，仅记大略，未及详焉。

三　先生著译之外，复勤于纂辑古书，抄录古碑，书写均极精美，谱中亦不备举。

四　先生工作，毕生不倦，如编辑各种刊物，以及为人校订稿件之类，必忠必信，贡献亦多，谱中亦从略不述。

五　本谱材料，有奉询于先生母太夫人者，亦有得于夫人许广平及令弟作人建人者，合并声明。

二十六年五月　日许寿裳记

民国前三十一年（清光绪七年辛巳、西历一八八一年）先生一岁

八月初三日，生于浙江绍兴城内东昌坊口。姓周，名树人，字豫才，小名樟寿，至三十八岁，始用鲁迅为笔名。

民国前二十六年 （光绪十二年丙戌，一八八六年）六岁

是年入塾，从从叔祖玉田先生初诵《鉴略》。

民国前二十四年（光绪十四年戊子，一八八八年）八岁

十一月，以妹端生十月即夭，当其病笃时，先生在屋隅暗泣，母太夫人询其何故，答曰："为妹妹啦。"

是岁一日，本家长辈相聚推牌九，父伯宜公亦与焉。先生在旁默视，从伯慰农先生因询之曰："汝愿何人得赢？"先生立即对曰："愿大家均赢。"其五六岁时，宗党皆呼之曰："胡羊尾巴"，誉其小而灵活也。

民国前二十年 （光绪十八年壬辰，一八九二年）十二岁

正月，往三味书屋从寿镜吾先生怀鉴读。在塾中，喜乘间描画，并搜集图画，而对于《二十四孝图》之"老莱娱亲""郭巨埋儿"独生反感。

先生外家为安桥头鲁姓，聚族而居，幼时常随母太夫人

前往，得在乡村与大自然相接触，影响甚大。《社戏》中所描写者，皆安桥头一带之景色，时正十一二岁也。外家后迁皇甫庄，小皋步等处。

十二月三十日曾祖母戴太君卒，年七十九。

民国前十九年（光绪十九年癸巳，一八九三年）十三岁

三月祖父介孚公丁忧，自北京归。

秋，介孚公因事下狱，父伯宜公又抱重病，家产中落，出入于质铺及药店者累年。

民国前十六年（光绪二十二年丙申，一八九六年）十六岁

九月初六日父伯宜公卒，年三十七。

父卒后，家境益艰。

民国前十四年（光绪二十四年戊戌，一八九八年）十八岁

闰三月，往南京考入江南水师学堂。

民国前十三年（光绪二十五年己亥，一八九九年）十九岁

正月，改入江南陆师学堂附设矿路学堂，对于功课并不

温习，每逢考试辄列前茅。

课余辄读译本新书，尤好小说，时或外出骑马。

民国前十一年（光绪二十七年辛丑，一九〇一年）二十一岁

十二月矿路学堂毕业。

民国前十年（光绪二十八年壬寅，一九〇二年）二十二岁

二月，由江南督练公所派赴日本留学，入东京弘文学院。

课余喜读哲学与文艺之书，尤注意于人性及国民性问题。

民国前九年（光绪二十九年癸卯，一九〇三年）二十三岁

是年为《浙江潮》杂志撰文。

秋，译《月界旅行》毕。

民国前八年（光绪三十年甲辰，一九〇四年）二十四岁

六月初一日，祖父介孚公卒，年六十八。

八月，往仙台入医学专门学校肄业。

民国前六年（光绪三十二年丙午，一九○六年）二十六岁

六月回家，与山阴朱女士结婚。

同月，复赴日本，在东京研究文艺，中止学医。

民国前五年（光绪三十三年丁未，一九○七年）二十七岁

是年夏，拟创办文艺杂志，名曰《新生》，以费绌未印，后为《河南》杂志撰文。

民国前四年（光绪三十四年戊申，一九○八年）二十八岁

是年从章太炎先生炳麟学，为"光复会"会员，并与二弟作人译域外小说。

民国前三年（宣统元年己酉，一九○九年）二十九岁

是年辑印《域外小说集》二册。

六月归国，任浙江两级师范学堂生理学化学教员。

民国前二年（宣统二年庚戌，一九一○年）三十岁

四月初五日祖母蒋太君卒，年六十九。

八月，任绍兴中学堂教员兼监学。

民国前一年（宣统三年辛亥，一九一一年）三十一岁

九月绍兴光复，任绍兴师范学校校长。

冬，写成第一篇试作小说《怀旧》，阅二年始发表于《小说月报》第四卷第一号。

注：以上月份均系阴历。

民国元年（一九一二年）三十二岁

一月一日，临时政府成立于南京，膺教育总长蔡元培之招，任教育部部员。

五月，航海抵北京，住宣武门南半截胡同绍兴会馆藤花馆，任教育部社会教育司第一科科长。八月任命为教育部佥事。

是月公余纂辑《谢承后汉书》。

民国二年（一九一三年）三十三岁

六月，请假由津浦路回家省亲，八月由海道返京。

十月，公余校《嵇康集》。

民国三年（一九一四年）三十四岁

是年公余研究佛经。

民国四年（一九一五年）三十五岁

一月辑成《会稽郡故书杂集》一册，用二弟作人名

印行。

同月刻《百喻经》成。

是年公余喜搜集并研究金石拓本。

民国五年（一九一六年）三十六岁

五月，移居会馆补树书屋。

十二月，请假由津浦路归省。

是年仍搜集研究造像及墓志拓本。

民国六年（一九一七年）三十七岁

一月初，返北京。

七月初，因张勋复辟乱作，愤而离职，同月乱平即
返部。

是年仍搜集研究拓本。

民国七年（一九一八年）三十八岁

自四月开始创作以后，源源不绝，其第一篇小说《狂
人日记》，以鲁迅为笔名，载在《新青年》第四卷第五号，
掊击家族制度与礼教之弊害，实为文学革命思想革命之急
先锋。

是年仍搜罗研究拓本。

民国八年（一九一九年）三十九岁

一月发表关于爱情之意见，题曰《随感录四十》，载在《新青年》第六卷第一号，后收入杂感集《热风》。

八月买公用库八道湾屋成，十一月修缮之事略备，与二弟作人俱移入。

十月发表关于改革家庭与解放子女之意见，题曰《我们现在怎样做父亲》，载《新青年》第六卷第六号，后收入论文集《坟》。

十二月请假经津浦路归省，奉母偕三弟建人来京。

是年仍搜罗研究拓本。

民国九年（一九二〇年）四十岁

一月，译成日本武者小路实笃著戏曲《一个青年的梦》。

十月译成俄国阿尔志跋绥夫著小说《工人绥惠略夫》。

是年秋季起，兼任北京大学及北京高等师范学校讲师。

是年仍研究金石拓本。

民国十年（一九二一年）四十一岁

二三两月又校《嵇康集》。

仍兼任北京大学、北京高等师范学校讲师。

民国十一年（一九二二年）四十二岁

二月八月又校《嵇康集》。

五月译成俄国爱罗先珂著童话剧《桃色的云》。

仍兼任北京大学、北京高等师范学校讲师。

民国十二年（一九二三年）四十三岁

八月迁居砖塔胡同六十一号。

九月小说第一集《呐喊》印成。

十二月买阜成门内西三条胡同二十一号屋。

同月，《中国小说史略》上卷印成。

是年秋起，兼任北京大学、北京师范大学、北京女子高等师范学校及世界语专门学校讲师。

民国十三年（一九二四年）四十四岁

五月，移居西三条胡同新屋。

六月，《中国小说史略》下卷印成。

同月又校《嵇康集》，并撰校正《嵇康集》序。

七月往西安讲演，八月返京。

十月译成日本厨川白村著论文《苦闷的象征》。

仍兼任北京大学、北京师范大学、北京女子高等师范学校及世界语专门学校讲师。

是年冬起为《语丝》周刊撰文。

民国十四年（一九二五年）四十五岁

八月，因教育总长章士钊非法解散北京女子师范大学，先生与多数教职员有校务维持会之组织，被章土钊违法免职。

十一月杂感第一集《热风》印成。

十二月译成日本厨川白村著《出了象牙之塔》。

是年仍为《语丝》撰文，并编辑《国民新报》副刊及《莽原》杂志。

是年秋起，兼任北京大学，北京女子师范大学，中国大学讲师，黎明中学教员。

民国十五年（一九二六年）四十六岁

一月女子师范大学恢复，新校长易培基就职，先生始卸却职责。

同月教育部金事恢复，到部任事。

三月，三一八惨案后，避难入山本医院，德国医院，法国医院等，至五月始回寓。

七月起，逐日往中央公园，与齐宗颐同译《小约翰》。

八月底，离北京向厦门，任厦门大学文科教授。

九月《彷徨》印成。

十二月因不满于学校，辞职。

民国十六年（一九二七年）四十七岁

一月至广州，任中山大学文学系主任兼教务主任。

二月往香港演说，题为：《无声的中国》，次日演题：《老调子已经唱完》。

三月黄花节，往岭南大学讲演。同日移居白云楼。

四月至黄埔政治学校讲演。

同月十五日，赴中山大学各主任紧急会议，营救被捕学生，无效，辞职。

七月演讲于知用中学，及市教育局主持之"学术讲演会"，题目为《读书杂谈》《魏晋风度及文章与药及酒之关系》。

八月开始编纂《唐宋传奇集》。

十月抵上海。八日，移寓景云里二十三号，与番禺许广平女士同居。

同月《野草》印成。

沪上学界，闻先生至，纷纷请往讲演，如劳动大学，立达学园，复旦大学，暨南大学，大夏大学，中华大学，光华大学等。

十二月应大学院院长蔡元培之聘，任特约著作员。

同月《唐宋传奇集》上册出版。

民国十七年（一九二八年）四十八岁

二月《小约翰》印成。

同月为《北新》半月刊译《近代美术史潮论》，及《语丝》编辑。

《唐宋传奇集》下册印成。

五月往江湾实验中学讲演，题曰:《老而不死论》。

六月《思想山水人物》译本出。《奔流》创刊号出版。

十一月短评《而已集》印成。

民国十八年（一九二九年）四十九岁

一月与王方仁，崔真吾，柔石等合资印刷文艺书籍及木刻《艺苑朝花》，简称朝花社。

五月《壁下译丛》印成。

同月十三，北上省亲。并应燕京大学、北京大学、第二师范学院、第一师范学院等校讲演。

六月五日回抵沪上。

同月卢那卡尔斯基作《艺术论》译成出版。

九月二十七日晨，生一男。

十月一日名孩子曰海婴。

同月为柔石校订中篇小说《二月》。

同月卢那卡尔斯基作《文艺与批评》译本印成。

十二月往暨南大学讲演。

民国十九年（一九三○年）五十岁

一月朝花社告终。

同月与友人合编《萌芽》月刊出版。开始译《毁灭》。

二月"自由大同盟"开成立会。

三月二日参加"左翼作家联盟"成立会。

此时浙江省党部呈请通缉"反动文人鲁迅"。

"自由大同盟"被严压，先生离寓避难。

同时牙齿肿痛，全行拔去，易以义齿。

四月回寓。与神州国光社订约编译《现代文艺丛书》。

五月十二日迁入北四川路楼寓。

八月往"夏期文艺讲习会"讲演。

同月译雅各武莱夫长篇小说《十月》讫。

九月为贺非校订《静静的顿河》毕，过劳发热。

同月十七日，在荷兰西菜室，赴数友发起之先生五十岁纪念会。

十月四五两日，与内山完造同开"版画展览会"于北四川路"购买组合"第一店楼上。

同月译《药用植物》讫。

十一月修正《中国小说史略》。

民国二十年（一九三一年）五十一岁

一月二十日柔石被捕，先生离寓避难。

二月梅斐尔德《士敏土之图》印成。

同月二十八日回旧寓。

三月，先生主持"左联"机关杂志《前哨》出版。

四月往同文书院讲演，题为：《流氓与文学》。

六月往日人"妇女之友会"讲演。

七月为增田涉讲解《中国小说史略》全部毕。

同月往"社会科学研究会"演讲《上海文艺之一瞥》。

八月十七日请内山嘉吉君教学生木刻术，先生亲为翻译，至二十二日毕。二十四日为一八艺社木刻部讲演。

十一月校《嵇康集》以涵芬楼景印宋本。

同月《毁灭》制本成。

十二月与友人合编《十字街头》旬刊出版。

民国二十一年（一九三二年）五十二岁

一月二十九日遇战事，在火线中。次日避居内山书店。

二月六日，由内山店友护送至英租界内山支店暂避。

四月编一九二八年及一九二九年短评，名曰《三闲集》。编一九三〇年至一九三一年杂文，名曰《二心集》。

五月自录译著书目。

九月编译新俄小说家二十人集上册讫，名曰《竖琴》。编下册讫，名曰《一天的二作》。

十月排比《两地书》。

十一月九日，因母病赴平。

同月二十二日起，在北京大学、辅仁大学、北平大学、女子文理学院、师范大学、中国大学等校讲演。

民国二十二年（一九三三年）五十三岁

一月四日蔡元培函邀加入"民权保障同盟会"，被举为执行委员。

二月十七日蔡元培函邀赴宋庆龄宅，欢迎萧伯纳。

三月《鲁迅自选集》出版于天马书店。

同月二十七日移书籍于狄思威路，租屋存放。

四月十一日迁居大陆新村九号。

五月十三日至德国领事馆为"法西斯蒂"暴行递抗议书。

六月二十日杨铨被刺，往万国殡仪馆送殓。时有先生亦将不免之说，或阻其行，先生不顾，出不带门匙，以示决绝。

七月，《文学》月刊出版，先生为同人之一。

十月，先生编序之《一个人的受难》木刻连环图印成。

同月"木刻展览会"假千爱里开会。

又短评集《伪自由书》印成。

民国二十三年（一九三四年）五十四岁

一月《北平笺谱》出版。

三月校杂文《南腔北调集》，同月印成。

五月，先生编序之木刻《引玉集》出版。

八月编《译文》创刊号。

同月二十三日，因熟识者被捕，离寓避难。

十月《木刻纪程》印成。

十二月十四夜脊肉作痛，盗汗。病后大瘦，义齿与齿龈不合。

同月短评集《准风月谈》出版。

民国二十四年（一九三五年）五十五岁

一月译苏联班台莱夫童话《表》毕。

二月开始译果戈理《死魂灵》。

四月《十竹斋笺谱》第一册印成。

六月编选《新文学大系·小说二集》并作导言毕，印成。

九月高尔基作《俄罗斯的童话》译本印成。

十月编瞿秋白遗著《海上述林》上卷。

十一月续写《故事新编》。

十二月整理《死魂灵百图》木刻本，并作序。

民国二十五年（一九三六年）五十六岁

一月肩及胁均大痛。

同月二十日与友协办之《海燕》半月刊出版。

又校《故事新编》毕，即出书。

二月开始续译《死魂灵》第二部。

三月二日下午骤患气喘。

四月七日往良友公司，为之选定《苏联版画》。

同月编《海上述林》下卷。

五月十五日再起病，医云胃疾，自后发热未愈，三十一日，史沫特黎女士引美国邓医生来诊断，病甚危。

六月，从委顿中渐愈，稍能坐立诵读。可略作数十字。

同月，病中答访问者 O.V.《论现在我们的文学运动》。

又《花边文学》印成。

七月，先生编印之《凯绥·珂勒惠支版画选集》出版。

八月，痰中见血。

为《中流》创刊号作小文。

十月，称体重八十八磅，较八月一日增约二磅。

契诃夫作《坏孩子和别的奇闻》译本印成。

能偶出看电影及访友小坐。

同月八日往青年会观第二回"全国木刻流动展览会"。

十七日出访鹿地亘及内山完造。

十八日未明前疾作，气喘不止，延至十九日上午五时二十五分逝世。